O FEITIÇO DA AJUDA

As determinações do
Serviço Social na Empresa

Conselho Editorial da
área de Serviço Social
Ademir Alves da Silva
Dilséa Adeodata Bonetti
Elaine Rossetti Behring
Maria Lúcia Carvalho da Silva
Maria Lúcia Silva Barroco

Dados Internacionais de Catalogação na Publicação (CIP)
(Câmara Brasileira do Livro, SP, Brasil)

Mota, Ana Elizabete da
O feitiço da ajuda : as determinações do serviço social na empresa / Ana Elizabete da Mota. — 6. ed. — São Paulo : Cortez, 2010.

Bibliografia.
ISBN 978-85-249-1402-7

1. Assistência social na indústria 2. Empresas 3. Serviço social I. Título.

08-03920   CDD-362.85

Índices para catálogo sistemático:

1. Serviço social do trabalho   362.85
2. Serviço social junto aos trabalhadores   362.85

Ana Elizabete da Mota

O FEITIÇO DA AJUDA
As determinações do Serviço Social na Empresa

6ª edição
3ª reimpressão

O FEITIÇO DA AJUDA: As determinações do Serviço Social na Empresa
Ana Elizabete da Mota

Capa: Carlos Clémen
Revisão: Agnaldo Gonçalves
Composição: Linea Editora Ltda.
Coordenação editorial: Danilo A. Q. Morales

Nenhuma parte desta obra pode ser reproduzida ou duplicada sem autorização expressa da autora e do editor.

© 1985 by Autor

Direitos para esta edição
CORTEZ EDITORA
Rua Monte Alegre, 1074 — Perdizes
05014-001 — São Paulo-SP
Tel.: (11) 3864-0111   Fax: (11) 3864-4290
E-mail: cortez@cortezeditora.com.br
www.cortezeditora.com.br

Impresso no Brasil — março de 2018

Para Nobuco Kameyama — uma amizade que nasceu com o *Feitiço da Ajuda* e se fortaleceu *nesses rápidos 20 anos.*

Sumário

PREFÁCIO À 5ª EDIÇÃO 9

PREFÁCIO 23

INTRODUÇÃO 29

CAPÍTULO I ■ A requisição da empresa 51

CAPÍTULO II ■ Estratégias de respostas do Serviço Social 77

CAPÍTULO III ■ O potencial negador do trabalhador 105

CAPÍTULO IV ■ Para a construção de uma nova prática 123

CONCLUSÕES ■ Esboço de uma proposta 145

POSFÁCIO ■ Do feitiço da ajuda à fábrica de consensos .. 151

BIBLIOGRAFIA 173

Prefácio à 5ª edição

A cultura empresarial e os desafios ao Serviço Social nos anos 2000

Na oportunidade da 5ª edição do Feitiço da Ajuda, cuja publicação original data de 1985, aceitei a sugestão da Cortez Editora de elaborar um Prefácio no qual eu pudesse expor algumas das idéias que venho trabalhando ao longo destes *"rápidos 20 anos"*, adensando ao livro atuais reflexões sobre as mudanças ocorridas no capitalismo brasileiro, nas empresas e no próprio Serviço Social.

O título que deu origem ao livro, *O Feitiço da Ajuda*, foi inspirado na elaboração marxiana de *O fetichismo da mercadoria: seu segredo*, que integra o capítulo I, A Mercadoria, do Livro I de *O Capital*[1], cuja invocação primeira é a necessidade de desvelar a aparência dos fenômenos, expressa na célebre frase de que "À primeira vista, a mercadoria parece ser coisa trivial, imediatamente compreensível. Analisando-a, vê-se que ela é algo muito estranho, cheia de sutilezas metafísicas e argúcias teológicas". No lastro desta indicação teórico-medológica tratei a ação do Serviço Social no âmbito do processo de produção e reprodução das relações sociais, sob uma clara influência do então recentemente publicado livro de Marilda Iamamoto e

---

1. MARX, K. *O Capital*. Livro 1, Volume 1. Rio de Janeiro: Civilização Brasileira, 1980.

Raul de Carvalho[2], Relações Sociais e Serviço Social no Brasil, para desvendar o "segredo" da expansão do Serviço Social na empresa, a partir dos anos 70 e até a primeira metade dos 80, período em que se deu a pesquisa.

Fortemente motivada pela ebulição política do período, marcada pelo fim da ditadura militar, surgimento do novo sindicalismo, nascimento do Partido dos Trabalhadores e pela modernização industrial no Nordeste, fruto do chamado milagre econômico brasileiro, partilhei deste momento como assistente social do Banco do Brasil, militante do movimento sindical bancário e jovem docente da UFPE, onde realizei o curso de Mestrado em Serviço Social, que resultou na dissertação que deu origem ao "O Feitiço da Ajuda".

Não caberia expor neste Prefácio uma minuciosa leitura crítica, ou fazer uma exegese do meu texto. Seguindo o que aprendi quando o escrevi, exponho em grandes linhas algumas reflexões, resultados das pesquisas realizadas como parte da persistente tarefa de conhecer o real, através de sucessivas aproximações, identificando as suas tendências prevalecentes.

O leitor não deve esperar um outro "Feitiço da Ajuda", mas a indicação de novos fetiches que perpassam as práticas sociais, quer do capital, quer do trabalho, determinando novas requisições ao Serviço Social na empresa, no contexto da dinâmica reprodutiva e contraditória da sociedade capitalista do Séc. XXI.

Estamos diante de um cenário muito distinto daquele que marcou o crescimento do mercado de trabalho dos assistentes sociais em empresas, nos finais dos anos 70 e durante os anos 80. De lá para cá, mudaram o Brasil, a sociedade brasileira, as empresas, a organização dos trabalhadores e o próprio Serviço Social. Essas mudanças não informam a existência de rupturas: há continuidades e descontinuidades, principalmente se as observarmos sob a ótica do processo de produção e reprodução das relações sociais, lócus da constituição das classes sociais, das relações de poder e do contraditório processo de acumulação da riqueza *versus* crescimento da pobreza, deter-

---

2. IAMAMOTO, Marilda e CARVALHO, Raul de. *Relações sociais e Serviço Social no Brasil*. São Paulo: Cortez/Celats, 1982.

minação reflexiva que expressa o desenvolvimento da "questão social". Quanto ao Serviço Social, abraçamos a tese de Netto[3] de que houve uma intenção de ruptura com o conservadorismo que marcou, predominantemente, o Serviço Social Brasileiro, tema já amplamente discutido na literatura profissional.

Temos observado um denso processo de restauração capitalista[4] (Braga, 1997), amparado pela reestruturação produtiva no marco dos novos mecanismos de acumulação do capital que modificam processos e relações de trabalho, redefine as formas de concentração da riqueza, a ação política das empresas e do Estado, como parte de outro desenho da geopolítica mundial, conformada pelo neo-imperialismo, pela nova divisão internacional do trabalho e pela expansão do capital financeiro.

As mutações operadas por esse processo não incidem apenas nas condições de trabalho e na formação de novos métodos de cooperação, mas apontam para uma nova questão: o processo de produção destrutiva, seguido da destruição produtiva da natureza, nos termos de Mészáros (2002)[5]. A questão ambiental, expressa na escassez dos recursos não renováveis, no aquecimento global, no volume de lixo resultante da produção de descartáveis e nos efeitos catastróficos sobre a qualidade de vida nas áreas urbana e rural, indica a existência de outra mediação no processo de produção de mercadorias.

O modo de produção capitalista defronta-se com a sua própria contradição: ao promover a ruptura na relação metabólica entre o homem e natureza, alienando-os da possibilidade de transformar elementos naturais em bens sociais de uso, o capital produz mercadorias à base da dilapidação dos elementos naturais, tecendo as bases dos seus próprios limites. Embora do ponto de vista lógico a sociedade esteja diante de um impasse — ou supera o sociometabolismo baseado na produção destrutiva ou coloca em risco não apenas a

---

3. NETTO, J. P. *Ditadura e Serviço Social*. São Paulo: Cortez, 1991.

4. Expressão inaugurada por Ruy Braga em livro publicado em 1997. BRAGA,R. *A restauração do capital*. São Paulo: Xamã,1997.

5. MÉSZÁROS, I. *Para além do capital*. São Paulo: Editora da UNICAMP/Boitempo Editorial. 2002.

possibilidade da produção capitalista, mas a reprodução biológica e social da vida no planeta —, fato é que este processo vem determinando novas práticas empresariais, que se autodenominam em prol da sustentabilidade ambiental, através da adoção de novas tecnologias, do desenvolvimento da educação ambiental, ou da incorporação de indicadores sócio-ambientais nas atividades mercantis, como expressão das iniciativas de integração de fatores econômicos, ambientais e sociais nas estratégias de negócio e certificação das empresas.

No Brasil, foram profundas as transformações ocorridas desde a década de 90, quando o Consenso de Washington preceituou o receituário neoliberal, com a desregulamentação da economia, afetando diretamente a organização sociotécnica da produção, os direitos do trabalho e as ideologias e práticas dos capitalistas e dos próprios trabalhadores.

Estavam postas, desde então, as bases não apenas da reestruturação econômica, mas da restauração da hegemonia capitalista, cujo investimento na formação de uma sociabilidade compatível com seu atual estágio do desenvolvimento, requereu a formulação de valores, modos de vida, teorias e ideologias. Ainda está em curso uma desmontagem dos referenciais críticos, dos lugares na política e uma avassaladora influência do pensamento único e pós-moderno. A razão cedendo lugar à representação.

Embora estejamos tratando de um processo secular, neste momento, essa restauração do capital se atualiza, realizando uma verdadeira reforma intelectual e moral, amparada e retroalimentada pelas mudanças no mundo da produção e pelas contradições que lhe são inerentes. Seus protagonistas são os organismos internacionais, as corporações empresariais e o Estado; e seu alvo é a construção de um novo consenso social das classes trabalhadoras e subalternas, na tentativa de obscurecer a real natureza antagônica e contraditória da relação entre o capital e o trabalho. Seus princípios suprimem os antagonismos das necessidades das classes que passam a ser tratadas como universais. Suas estratégias invocam a paulatina desresponsabilização social do Estado, substituída pelo apelo à ação da sociedade civil, donde a origem das ONGS e do terceiro setor. Sua marca é a (des) historização das lutas e conquistas pela emancipação política dos trabalhadores através do voluntarismo das políticas sociais, da supressão de direitos e principalmente a criação de uma outra cultura do trabalho, como tão bem expõe Daniele Linhart em seu recente livro, A Desmedida do Capital (Linhart, 2007)[6].

Neste contexto, as corporações empresariais se outorgam a condição de instituições socialmente responsáveis e eticamente comprometidas com o desenvolvimento humano e social. As empresas se definem como empresas-comunitárias e a organização dos processos de trabalho, cuja especificidade é a produtividade do trabalho, se transforma em ambiente produtor de uma nova moral, substitutiva da disciplina à moda taylorista e fordista para se materializar nas políticas patronais de participação consensual dos assalariados nas atividades da empresa.

A partir dos finais da década de 80, assistimos a emergência de padrões organizacionais e tecnológicos inovadores e de formas de organização social do trabalho marcados pela informatização de processos, pelos programas de qualidade total e pela implementação de programas participativos nas empresas como parte das iniciativas de reengenharia industrial. Estes, pautados na chamada acumulação flexível, são inspirados no toyotismo e se traduziram em estratégias de competitividade internacional e de enfrentamento ao novo sindicalismo e à efervescência política dos trabalhadores a partir dos anos finais da década de 70.

No mundo do trabalho e dos trabalhadores presenciou-se a implementação de medidas de redução de custos de produção e aumento da produtividade, já anunciando o que se tornaria irreversível a partir dos anos 90: a combinação da precarização com a desqualificação e superqualificação. A força de trabalho torna-se multifuncional, polivalente e a subjetividade do trabalho, ou nos termos de Giovanni Alves (2000)[7], a captura da subjetividade operária, é objeto de uma subordinação formal-intelectual, no bojo da subsunção real do trabalho ao capital, adequada à época da pós-grande indústria, através do envolvimento do trabalhador (com) nos objetivos das corporações produtivas.

Programas de qualidade total, salários variáveis, participação nos lucros são parte das novas estratégias de controle do trabalho,

---

6. LINHART, D. *A desmedida do capital*. São Paulo: Boitempo Editorial, 2007.

7. ALVES,G. *O novo (e precário) mundo do trabalho*. São Paulo: Boitempo Editorial, 2000.

aliadas a outros mecanismos, sejam eles persuasivos, com vistas à lealdade e cooperação dos trabalhadores (agora denominados colaboradores) com a empresa e colegas; sejam coercitivos, os quais, sob o argumento da modernização produtiva, operam redução de cargos e postos de trabalho, com ameaça de demissões. E mais: dando ênfase à nova racionalidade administrativa, sob a estratégia de horizontalização das hierarquias e incentivo ao saber e experiências do trabalho, instauram-se a multifuncionalidade e polivalência como parte das competências exigidas pelas organizações. O controle, de fato, muda sua tática de intervenção, embora preserve o seu objeto: a força de trabalho.

Não seria demais acrescentar que algumas destas novas estratégias fizeram parte da pauta de reivindicações dos trabalhadores nos anos 70 e início dos 80, período em que a conjuntura política brasileira, marcada pelas práticas da ditadura militar, dentre elas a repressão ao movimento sindical, levava água ao moinho do despotismo da fábrica. Naquele período, tais reivindicações se apresentavam como luta pelo direito de organização nos locais de trabalho e por melhores condições de trabalho, de que são exemplos: o reconhecimento das Comissões de Fábrica, a autonomia das CIPAS, as comissões de negociação salarial e as chamadas reivindicações sociais.

Na atualidade, elas se apresentam como estratégias formadoras de consenso, posto que o objetivo dos dirigentes empresariais, segundo Linhart (2007:108)[8] é fazer com que os assalariados deponham suas armas em um ambiente em que as regras do jogo, até então, eram ditadas pela desconfiança e confronto entre patrões e trabalhadores. Aposta-se na possibilidade de sitiar os comportamentos transgressivos e rebeldes de algumas lideranças no chão da fábrica, transformando-as em colaboradoras, sob o argumento de que é do faturamento das empresas que dependem os empregos, portanto, há uma identidade de interesses entre trabalhadores e organizações empresariais e comerciais.

As modernas administrações corporativas, que fazem *gestão de pessoas* e não mais políticas de recursos humanos, criam uma para-

---

8. LINHART, *Op. cit.*, p 108 .

O FEITIÇO DA AJUDA

doxal metodologia de gestão: de um lado, a ênfase no coletivo, expressa nos grupos operativos de planejamento e sugestões que devem avaliar o desempenho das empresas e apresentar propostas otimizadoras do seu faturamento e da política de atendimento ao consumidor, definindo metas a serem alcançadas. De outro lado e concomitantemente, a pedagogia da individualização do trabalhador, se objetiva na remuneração por metas atingidas, cujo salário variável depende do desempenho individual, embora o processo de trabalho se realize à base da cooperação coletiva.

Na formulação de Linhart[9] trata-se de um *coletivismo operacional* que, longe de ter parentesco com a solidariedade de classe e entre trabalhadores, agora se centra na avaliação de desempenho individual, mas tem por pré-condição (aliás, como sempre foi) a ação individual, no interior de uma prática de cooperação que não é apenas cadenciada pelos ritmos da produção, mas pelo interesse dos trabalhadores pela produtividade e lucratividade das empresas.

Embora com posições contraditórias e antagônicas, posto que reproduz-se exponencialmente a condição de proprietários (dos investidores) e a de vendedores de força de trabalho, dos trabalhadores, o universo ídeopolítico é de um capitalismo que favorece a todos, embora uns acumulem e os outros reproduzam a sua condição de trabalhadores, subordinada às relações capitalistas de produção. O antagonismo é travestido em complementariedade.

Vale ressaltar que as empresas não mais se restringem ao mundo objetivo da produção de mercadorias. Denominadas de corporações, onde se mesclam, capital produtivo, serviços, finanças e propriedade da terra, as modernas empresas adquirem visibilidade pública, tornando-se parceiras do Estado. Numa linguagem gramsciana, elas se transformam em aparelhos privados de hegemonia e como tal, não se limitam a construir uma cultura na e para a produção. Sua nova característica é produzir pedagogias, valores e normas para toda a sociedade, ou seja, ampliar e tornar universal a sua hegemonia, como bem demonstra a nova semântica da empresa socialmente responsável em oposição à denominação de "empresas que têm fun-

---

9. LINHART, *Op. cit.*, p 117.

ções sociais", amplamente veiculada nos anos 70, como artifício para obtenção de isenções fiscais.

Não é por acaso que três grandes diretrizes confluem na consecução deste macro projeto empresarial: *a estratégia do Banco Mundial*, denominada *Desenvolvimento com Equidade*, traduzida em crescimento econômico com inclusão; a proliferação e expansão de *Programas de Combate à Pobreza* para os que não podem produzir, e o *Pacto Global* (http://www.pactoglobal.org.br/) protagonizado pela ONU em prol da responsabilidade social corporativa das empresas.

Em sua tese de doutorado, Mônica César (2005)[10] aprofunda essa discussão relativa à responsabilidade social das empresas, donde extraio alguns dados. Segundo a própria ONU, o projeto une governos, empresários, trabalhadores e a sociedade civil na convicção de que práticas empresariais baseadas em princípios universais podem trazer ganhos econômicos e sociais. Este pacto propõe que o setor privado contribua para fazer avançar a busca por uma economia global mais "sustentável" e "inclusiva", através da adoção de uma relação saudável entre empresas e sociedade, promovendo compromisso com valores fundamentais, nas áreas de direitos humanos, relações de trabalho, meio ambiente e ética.

Dentre as ações voltadas para a sociedade, o Pacto[11] propõe que as empresas contribuam para disseminar os Objetivos de Desenvolvimento do Milênio (DM), composto de 8 metas: acabar com a fome e a miséria; Educação básica e de qualidade para todos; igualdade entre sexos e valorização da mulher; reduzir a mortalidade infantil; melhorar a saúde das gestantes; combater a aids, malária e outras doenças; qualidade de vida e respeito ao meio ambiente; todos trabalhando pelo desenvolvimento. Observe-se que o maior mercado financeiro do planeta cria o Índice Dow Jones Sustainability Indexes (DJSI) (www.sustainability-index.com); dele fazem parte 318 empresas de 23 países, sendo seis as empresas brasileiras que o integram: Aracruz Bradesco, Cemig, Itaú, Itaúsa e Petrobrás.

---

10. CESAR, M.de J. *Empresa-cidadã*:uma estratégia de hegemonia. Rio de Janeiro: UFRJ/CFCH,2005

11. Disponível em <http://www.pactoglobal.org.br, acesso em 03.04.2008>

No Brasil, a Bovespa segue o mesmo caminho criando o *Índice de Sustentabilidade Empresarial* enfatizando a necessidade de integração dos fatores econômicos, ambientais e sociais nas estratégias de negócio das empresas. No discurso do "mercado" há uma tendência mundial dos investidores a procurarem empresas socialmente responsáveis, sustentáveis e rentáveis para aplicar seus recursos.tais aplicações, denominadas "investimentos socialmente responsáveis" ("SRI"), consideram que empresas sustentáveis geram valor para o acionista no longo prazo, pois estão mais preparadas para enfrentar riscos econômicos, sociais e ambientais.[12] Essa demanda vem se fortalecendo ao longo do tempo e hoje é amplamente atendida por vários instrumentos financeiros no mercado internacional.

Neste contexto as empresas modificam seus discursos, construindo seus códigos de ética empresarial, de condutas ou de melhores práticas que, além de regular as relações internas, invocam os direitos humanos, o respeito à vida humana e à natureza, a solidariedade humana e compromissos com a redução da pobreza, como pauta das suas ações de responsabilidade sócio-ambiental.

Neste sentido, no capitalismo contemporâneo, as corporações empresariais, radicalmente diferentes daquelas dos anos 70 e 80, não apenas mudam as suas estratégias de produção, mas redefinem o seu lugar no plano político de cada país, ampliando sua intervenção nas expressões da questão social como parte das suas estratégias de legitimação e enfrentamento das contradições, ao tempo em que redefinem as suas políticas internas de gestão da força de trabalho.

Assim, estão fincados os pilares — eminentemente ideológicos — que passam a formar a nova cultura empresarial, cimento necessário ao já referido processo de reforma social e moral e que asseguram a adesão dos trabalhadores à organização como um todo e o reconhecimento social da empresa para além do ambiente interno de cada corporação. O que se subtrai no campo do trabalho, é, aparentemente, compensado no campo genérico da intervenção social.

As várias dimensões dessa verdadeira *restauração* empresarial que supera a reestruturação da produção *stricto sensu*, nos convida a

---

12. Disponível em <http://www.bovespa.com.br>, acesso em 03.04.2008.

fazer algumas demarcações que podem contribuir para a identificação dos novos fetiches empresariais:

- A relação entre a regressão das políticas sociais públicas e a expansão da intervenção social da empresa, que deixa de se restringir aos benefícios ocupacionais, voltados para os seus empregados e se ampliam para fora dos muros das fábricas, assumindo a condição de parceiras da intervenção social do Estado. Neste caso, as recomendações dos organismos internacionais e dos mercados financeiros expõem com clareza o tom da redefinição das relações entre o público e o privado, cuja expressão exemplar é a expansão do terceiro setor, com a criação das fundações empresariais. Com destaque, vale apontar para a relação entre ações sócio-ambientais e as garantias dos investidores financeiros nacionais e internacionais como já indicado anteriormente.

- A relação tecida entre as necessidades de uma organização produtiva privada, lócus do conflito entre trabalhadores e dirigentes empresariais (não existe mais o conceito de patrão) e a sua nova conceituação de empresa socialmente responsável, construindo uma representação social positiva junto à sociedade e aos trabalhadores e sua família. Novamente fica explicitada a dissolução ideológica dos objetivos privados e mercantis, tornando natural o fato de que a ideologia da empresa é válida para toda a sociedade. Enfim, a sua hegemonia.

- A relação entre o discurso das empresas sobre as novas modalidades de gestão empresarial e as reivindicações sindicais dos anos 80, cuja incorporação pelas empresas operou uma reconceituação de práticas e valores, como é o caso da participação nas decisões, da incorporação de sugestões etc., produzindo uma indiferenciação de objetivos e práticas classistas. O sinal invertido da demanda, agora presente nos princípios da gestão empresarial, opera um desmonte na esfera da resistência política dos trabalhadores.

Todos estes aspectos, no caso brasileiro, foram potenciados pela conjuntura política que se instala com o Governo Lula, em face da "estatização" das centrais sindicais e do movimento sindical, cuja transformação de sindicalistas em servidores do aparelho do Estado, apresenta-se como a principal estratégia de legitimação da ordem: a passivização dos que um dia foram rebeldes, tema que Francisco de Oliveira (2003:145-149) abordou com brilhante ironia no seu ensaio *O Ornitorrinco*.[13]

A partir do desenvolvimento destes processos podemos qualificar algumas das novas demandas das empresas ao Serviço Social, identificando também os desafios nelas contidos.

Em primeiro lugar, cabe ressaltar que, com a cada vez maior integração das políticas de recursos humanos ao conjunto dos demais setores da empresa, também se altera a divisão técnica do trabalho, repercutindo no lugar do Serviço Social, por vezes objeto de redefinição de funções, chegando inclusive a modificar a denominação que nomeia a profissão. Muitos profissionais passam a ocupar os mais diversos cargos de gerência, de cujas tarefas emanam a sua designação e não propriamente do cargo técnico que detêm ou detiveram; mas esta não é uma exclusividade da empresa, tal prática assola inclusive o setor público. Esse processo tem implicações na cultura profissional, na produção de conhecimentos e na sua organização coletiva dos Assistentes Sociais. Uma breve consulta aos Anais de Congressos e Pesquisas da área do Serviço Social é esclarecedora da redução de comunicações científicas que têm por objeto a prática do Serviço Social em Empresas.

Malgrado esse aspecto, observa-se que as atuais demandas são compatíveis com a metodologia de gestão das empresas e, sem me alongar neste particular, especialmente porque fui brindada com um Posfácio escrito por quem hoje conhece melhor o assunto do que eu, destaco algumas áreas mais incidentes:

— Conhecimento dos critérios de contratação e avaliação com base em competências específicas e que ultrapassam os indicadores de avaliação dos anos 80, dentre eles, a disciplina e o cumprimento rígido de horários e tarefas, substituídos pela colaboração, capacidade de tomar iniciativas, espírito

---

13. OLIVEIRA, F. *Crítica à Razão Dualista O Ornitorrinco*. São Paulo:Boitempo Editorial, 2003.

de grupo e liderança, capacidade de argumentação etc., além do domínio das metas a serem atingidas pela empresa, inclusive da sua linguagem técnica e operativa, que permite aos profissionais do Serviço Social interagir e dialogar com gerências e coletivos de trabalhadores. Vale destacar o peso e papel dos códigos de ética e de melhores práticas adotados pelas empresas, por vezes transformados em códigos de conduta e que devem ser orientadores da ação profissional.

— Conhecimento da área de P & D através da participação em grupos de planejamento, sistemas de avaliação, necessidades de treinamento e política de cargos e salários, inclusive com elaboração de planos de carreira, ao que se alia a competência de propor, planejar e gerir benefícios variáveis, de acordo com as hierarquias e responsabilidades ocupacionais dos beneficiários e suas famílias.

— Participação e utilização dos sistemas de comunicação e gerenciamento de informações, através das redes intranet, dando agilidade aos registros de ocorrências e iniciativas que têm incidência no cotidiano de trabalho dos empregados e no assessoramento das decisões das gerências e chefias.

— Gerenciamento dos programas sociais das empresas, com atribuições para planejar, executar e monitorar programas sociais e sócio-ambientais, realizar pesquisas, manusear indicadores de avaliação e desempenho dos programas sociais, elaborar e editar relatórios de atividades anuais, bancos de dados e balanços sociais.

— Crescem nas organizações, com as práticas de governança corporativa, cujo objetivo é imprimir transparência e confiança junto aos acionistas dos grupos empresariais, as iniciativas denominadas de Ética Empresarial, um rol de princípios, diretrizes e prescrições que tratam desde a relação com os sindicatos até o comportamento da empresa nas campanhas eleitorais. Também *Ouvidorias* vêm sendo instituídas com a participação dos profissionais.

A estas demandas se juntam outras atividades voltadas para a integração e comprometimento do trabalhador com a organização, além de novas questões como o assédio moral, a saúde ocupacional, os programas de tratamento de dependências químicas, doenças sexualmente transmissíveis, dentre outras atividades educativas e de orientação voltadas para a família do trabalhador, nas quais se incluem o tradicional acompanhamento psicossocial e a orientação na utilização dos benefícios.

É importante ressaltar, como já destacado no início deste Prefácio, que novas e renovadas questões afetas às condições de trabalho se apresentam no contexto da agressiva e obstinada "inflação participativa" das empresas (Linhart, 2007)[14], cujo propósito é a destruição da subjetividade e individualidade do trabalhador, tecida na sua vivência de trabalho, em prol de uma subjetividade empresarial, com o propósito de emancipar os assalariados dos seus coletivos naturais e envolvê-los em outras comunidades mais harmônicas com o espírito das empresas (Idem).[15]

A cada dia mais pesquisas desnudam o romantismo desta suposta comunidade produtiva e harmônica, responsável pelo adoecimento dos trabalhadores, pelo sofrimento no trabalho, pela "corrosão do caráter" (Sennett, 2003)[16], fruto das pressões a que são submetidos os trabalhadores no bárbaro processo da primazia do individual, no qual a responsabilidade pessoal do trabalhador é condição do êxito da empresa. Não sem contradições, este processo começa a adquirir visibilidade e a própria OIT e OMS já admitem que a violência moral no trabalho constitui um fenômeno internacional e que "estas serão as décadas do *mal estar na globalização*", nas quais predominarão depressões, angústias e outros danos psíquicos, relacionados com as novas políticas de gestão na organização de trabalho e que estão vinculadas às políticas neoliberais e aos novos modelos de gestão.[17]

Salienta-se, portanto, que, se as contradições do mundo do trabalho não mais emergem sob a forma de conflitos e confrontos abertos e coletivos, elas se expressam agora da única forma possível: como

---

14. LINHART, *Op. cit.*, p 102.

15. LINHART, *Op. cit.*, p 103.

16. SENNETT, R. *A corrosão do caráter*. Rio de Janeiro: Editora Record, 2003.

17. Disponível em <http://www.assediomoral.org >, acesso em 03.04.2007 .

manifestação individual. Sombrio prognóstico para uma sociedade cuja cultura está assentada no trabalho alienado.

Este é um novo e grande desafio para o Assistente Social, posto que, também órfã da experiência político-organizativa dos trabalhadores nas empresas, têm pela frente a tarefa de tornar problemáticas, visíveis e coletivas — nos limites da sua ação profissional — as novas expressões da exploração do trabalho, identificando as novas determinações do sofrimento e do adoecimento social e mental dos trabalhadores. Será um longo caminho a percorrer, mas, certamente não mais como expressão do Feitiço da Ajuda e, sim como a desconstrução de ideologias e práticas que tentam tornar subjetiva a objetividade das exigências da produção capitalista.

Recife, 14 de abril de 2008.

Ana Elizabete Mota

Prefácio

Diego Palma caracteriza o Movimento de Reconceitualização do Serviço Social na América Latina como uma "busca", uma "procura". Coincidências à parte — e eu raramente acredito nelas —, acompanhando um processo mais intenso da acumulação capitalista no continente, distribuído no tempo e no espaço e, algumas vezes, impropriamente chamado de "modernização", surge igualmente um amplo debate nas ciências sociais, em termos, justamente, de uma procura.

Universos semânticos também à parte — e cada campo profissional ou científico luta pela sua própria afirmação em termos de signos e de especificidades — o certo é que, a partir da década de 60 e, mais particularmente, nos anos 70, a intelectualidade começa a "se mexer" e, com isso, enfim, se dá conta de que o século XIX terminou definitivamente, acordando com a emergência do proletariado organizado que bate às nossas portas.

E a ciência social acadêmica começa, então, a procurar; diria melhor, a recuperar o tempo perdido, voltando-se para o estudo do mundo do trabalho, reconstituindo, inclusive, a trajetória do movimento operário surgido no Brasil nas primeiras décadas deste século.

Hoje, assistimos à vez e hora do Serviço Social, cansado de "desenvolver" tantas comunidades para facilitar apenas a produção do espaço urbano pelo capital.

Entretanto, quem procura nem sempre acha, pois é necessário, antes de tudo, saber o que e como procurar.

O Movimento de Reconceitualização possui, sem dúvida, uma natureza contestatória, principalmente face a uma possível organicidade do Serviço Social com o capital, postulando a inversão "do nexo político no sentido de uma vinculação com a classe dominada", segundo a fórmula encontrada por Alba Pinho de Carvalho.

Mas a colocação do problema ou até mesmo a finalidade da procura não significa ainda a descoberta do objeto da pesquisa; no máximo, representa uma inquietação.

Embora a problemática já estivesse estabelecida por outros, dentro da historicidade de sua própria profissão, *Ana Elizabete da Mota* procurou construir o seu objeto de pesquisa não se contentando com aquilo que lera nos livros. Sua primeira tarefa representou, portanto, a procura de um objeto de estudo.

A partir disso, a autora de *O Feitiço da Ajuda* começou a ouvir: a empresa e suas requisições ou demandas; a resposta do Serviço Social; o saber do trabalhador. Até então, *Ana Elizabete da Mota* não precisou sair do universo das técnicas tradicionais de pesquisa. No entanto, exatamente porque a *autora* possuía consciência do sentido de sua procura, ela não se limitou a apenas mostrar o discurso daqueles três agentes sociais.

Na verdade, seu posicionamento ideológico e o seu instrumental teórico-metodológico a levaram a não somente perceber as diferenças de qualidade dos discursos e das práticas dentro da empresa como, principalmente, a perceber a luta social que tais diferenças exprimiam.

Contudo, a *autora* sabia que era assim ou que devia ser assim. Mas isso não era suficiente. Era necessário extrair, da linearidade da análise do discurso, a dialética da descoberta de uma nova proposta. E foi ao se construir como pesquisadora que a *autora* construiu, juntamente com a prática do trabalhador, sua nova proposta de prática profissional.

Na verdade, *O Feitiço da Ajuda* não propõe nova prática para o trabalhador, mas sim — e esse é, como tal, o próprio objeto da investigação — uma nova prática para a intervenção do Serviço Social na empresa a partir da requisição ou demanda descoberta no exame da prática da classe que se opõe ao capital.

Ana Elizabete da Mota não se contentou com sua natural e espontânea adesão aos problemas da classe trabalhadora. Além da postura político-ideológica, para fazer ciência — e é isso que temos no presente livro — era necessário construir um instrumental teórico que pudesse guiar a investigação para além da constatação de fatos ou de proposições já anteriormente colocadas, de cunho existencial ou político. Mais ainda, era preciso saber usar, operacionalizar as categorias construídas, isto é, descobrir o método sem dele fazer uma prisão, pois, se o ponto de partida está no político, o ponto de chegada nele também deverá estar situado. Em suma, fazer ciência sem que de tal esforço não se resgate o fazer político, nada mais seria do que arquitetar meros exercícios de estilo. A teoria pela teoria, o método pelo método. A ciência despolitizada, o saber acadêmico quimicamente puro, sem cor, sem sabor, sem cheiro, aparentemente neutro.

Falar sobre *O Feitiço da Ajuda* significa também refletir sobre a busca de novos caminhos para a pesquisa acadêmica, como igualmente para as práticas profissionais. Significa, por outro lado, uma atitude humilde e corajosa de romper com os esquemas acadêmicos habituais que tentam impor uma pseudoneutralidade política e ideológica, tão bem acolhida, aliás, pelo Serviço Social tradicional.

Colocado no amplo rastro da Reconceitualização do Serviço Social, *O Feitiço da Ajuda*, no entanto, extrapola o interesse específico de uma corporação profissional.

Hoje, dificilmente deixamos de encontrar assistentes sociais nos mais diversos lugares, tanto na produção capitalista quanto nos serviços que o Estado presta à comunidade. Freqüente, também, é a idéia de "promoção", de "generosidade", de "ajuda" e, acrescentaria, de "subordinação hierárquica", tanto na prática quanto no fazer acadêmico, de que se reveste o trabalho do assistente social. Ajudar o trabalhador carente, o cliente pobre do INAMPS, o migrante chegado à grande cidade, a clientela escolar das periferias urbanas, o condenado nas penitenciárias, enfim, ajudar sempre, como que intermediando, aparando arestas, ajustando situações de conflito, encobrindo as contradições do meio social.

O Feitiço da Ajuda, a partir do questionamento da funcionalidade da profissão do Serviço Social e de uma reflexão penetrante sobre os determinantes básicos do capitalismo, tenta e consegue, por sobre a aparência da ideologia da "promoção" e da "ajuda", desnudar a natureza essencial do papel exercido pelo assistente social e na própria prática profissional encontrar novas saídas para uma ação renovadora de um agente que assume, no sistema produtivo e nos aparelhos de Estado, uma posição estratégica de suma importância.

Por analisar, justamente, o papel do Serviço Social como um dos principais mecanismos de controle sobre o processo de trabalho, bem como sobre a própria vida do trabalhador como pessoa, é que *O Feitiço da Ajuda* se torna um livro que interessa não apenas aos assistentes sociais, mas a todos os que estudam o processo do desenvolvimento do capitalismo no Brasil e suas formas de organização assumidas nos últimos anos.

Com efeito, é na década de 50, no Brasil, e, no Nordeste, com a industrialização patrocinada pela SUDENE nos anos 60, que os mecanismos de controle sobre o trabalho, quase invisíveis e articulados no interior da própria fábrica, aparecem racionalmente instituídos com a criação do Serviço Social. Abandonam-se velhas práticas como, por exemplo, a construção de vilas operárias, agora entregues aos cuidados do Estado. Como se não bastassem os controles político-institucionais ou ainda aqueles presentes na admissão ao emprego, representados pelos testes psicotécnicos, e no acompanhamento da conduta operária pela chamada Psicologia do Trabalho, o assistente social é requisitado e legitimado como agente controlador geral do trabalhador, na fábrica e na sua vida privada. O trabalhador não precisa mais morar perto da fábrica; o assistente social vai até a sua residência vigiá-lo.

O capital, desse modo, constrói uma armadilha para o trabalhador, embora suas grades, fabricadas pelo assistente social, se apresentem sob formas tão sedutoras como a "promoção social", "o bem-estar pessoal e familiar", "o lazer coletivo", "a ajuda para vencer as dificuldades da vida" etc.

Fetiche, feitiçaria, o "feitiço da ajuda", duplamente colocado. O real serviço que recebe o trabalhador superexplorado e o encobrimento do determinante essencial da requisição do assistente social por parte da empresa. O trabalhador esquece sua condição de explorado, sob os encantos da *ajuda*, e o capital se torna humanitário, promotor do desenvolvimento e do bem-estar social, escondendo sob o manto da *ajuda* o que, na verdade, unicamente lhe interessa, isto é, o aumento da produtividade da força de trabalho.

O Feitiço da Ajuda, porém, não se preocupa apenas erp saber a quem serve, prioritariamente, o Serviço Social tradicional na empresa capitalista. Em termos gerais, o fato já era pressentido e até mesmo pesquisado pela "reconceitualização". Nesse sentido, justamente, é que a *autora* demonstra sua força de análise ao, dialeticamente, "dar a volta por cima" e, a partir da prática negadora do trabalhador, propor a construção de uma nova prática profissional para o assistente social Na verdade, tal proposta radicaliza, por assim dizer, os próprios horizontes do Movimento de Reconceitualização, ultrapassando, assim, algumas barreiras "reformistas" de que estava impregnado.

O presente livro, finalmente, apresenta uma organização do discurso no mínimo fascinante. A exposição é realizada a partir de saltos qualitativos provocados pelas descobertas ocorridas quase que no próprio ato de escrever, de tal sorte que o discurso não se torna um dado, mas, antes, aparece como uma construção em que o leitor é a chave principal para sua final elucidação. Escrever o texto, assim constituiu também um exercício dialético na criação de uma forma literária que se autonomiza no esforço de retratar a pesquisa científica terminada.

O Feitiço da Ajuda representa, pois, um duplo prazer: descobrir um novo e importante objeto de investigação e sentir-se o leitor, ele mesmo, um companheiro da descoberta no processo de apropriação do discurso.

Gadiel Perruci
UFPE — Dep. História

Introdução

Este trabalho pretende discutir a prática do Serviço Social na empresa capitalista.

Tal proposta insere-se num contexto mais geral representado por urre movimento de idéias e de práticas surgido entre os profissionais do Serviço Social na América Latina. (Ver Palma, 1977 e Vega, 1980).

Trata-se de um movimento de natureza contestatória, iniciado na década de 60, e chamado de Movimento de Reconceitualização. Segundo Alba Pinho, "o movimento se produz no continente latino-americano como expressão de condicionamentos históricos muito precisos que colocam novas exigências para a ação profissional". (Carvalho, 1983: 11).

Tais condicionantes podem ser identificados a partir dos avanços do capital industrial e da expressão política da classe trabalhadora, quando se delineiam formas de confronto entre as classes fundamentais, modificando o panorama social e fazendo emergir condições objetivas que exigem a construção de novas práticas.

Assiste-se, portanto, de um lado, ao reconhecimento de formas mais combativas de organização da classe trabalhadora e, de outro lado, à ação do capital intentando assegurar seus objetivos mediante a criação de novas estratégias de convivência com os trabalhadores.

Neste contexto, o Movimento de Reconceitualização se cria e se desenvolve a partir da identificação da utilização político-ideológica da profissão pelo capital e da negação de uma prática conservadora do Serviço Social, afirmando um compromisso político com a classe subalterna.

A constatação do conservadorismo da ação profissional, da existência de projetos sociais antagônicos e, finalmente, da impossibilidade de uma prática profissional neutra levou o movimento a contestar a organicidade do Serviço Social com o capital e a postular a inversão do "nexo político no sentado de uma vinculação com a classe dominada". (Carvalho, 1983: 14).

Como um movimento de natureza teórico/prática, a Reconceitualização defende uma nova postura do Serviço Social em face da realidade social da América Latina, apresentando-se como um processo que, embora não se excluindo de determinações históricas objetivas, refuta o Serviço Social tradicional em prol de uma nova proposta de prática que atenda prioritariamente ao projeto dos trabalhadores.

Diríamos, pois, que é dentro desse espírito da época, vivenciado por grupos crescentes de assistentes sociais, marcado, principalmente, por preocupações com a questão política da ação profissional, que situamos nosso estudo, embora nossa própria vivência como assistente social de uma empresa tenha particularizado as motivações para realizá-lo.

Entendemos que a presença do assistente social numa empresa, antes de qualquer coisa, vem confirmar que a expansão do capital implica na criação de novas necessidades sociais. Isto é, a empresa, enquanto representação institucional do capital, passa a requisitar o assistente social para desenvolver um trabalho de cunho assistencial e educativo junto ao empregado e sua família.

Embora, historicamente, sempre tenha usufruído dos serviços que presta o assistente social através de diversas entidades, a empresa, ao internalizá-los, "altera" as formas de assistir os trabalhadores quando contrata um assistente social. (Ver Iamamoto e Carvalho, 1982: 83, 137-41, 284-5).

A justificativa para executar serviços sociais dentro da empresa fundamenta-se na importância atribuída à preservação da qualidade da força de trabalho dos empregados, passível de ser afetada tanto pelas carências materiais que vivencia o trabalhador como pelo surgimento de comportamentos divergentes que interfiram no processo organizativo da produção.

Em conseqüência, a requisição do assistente social responde à necessidade de se entregar a um técnico a administração racional e científica dos serviços sociais geridos pela empresa. É evidente que a racionalidade se prende tanto ao caráter de eficiência da administração de benefícios materiais como ao caráter educativo dessa administração, instituído nas orientações de condutas desviantes do empregado e sua família.

Neste sentido, temos, em tese, as razões pelas quais a empresa tanto presta assistência ao empregado como contrata um assistente social.

Se, aparentemente, a empresa apenas dá legitimidade a uma prática profissional, ratificando sua utilidade social, ao aprofundarmos a questão veremos que, para além do que é veiculado como aspecto técnico, está presente o componente político da requisição, identificado na necessidade de mediar interesses de classe.

Contudo, esta alegação em si não esgota a proposta de apreender uma prática profissional enquanto ação socialmente determinada e que se constrói no interior de uma dinâmica entre as classes sociais, apesar de já sugerir que a requisição profissional é fruto de uma relação de dominação/subordinação entre as classes.[1]

Neste sentido, é pertinente discutir como esta relação de dominação/subordinação se apresenta e se constrói, dentro de um processo de correlação de forças entre as classes, para identificar os determinantes da requisição do Serviço Social na empresa.[2]

Em princípio, constata-se que os assistentes sociais não são requisitados direta e objetivamente pelo trabalhador, mas sim pela empresa. Trata-se, pois, de uma das formas utilizadas institucional-

---

1. "Quando as condições da produção dão origem a classes, estas ganham relevo na estrutura de tal modo que o conceito de sociedade de classes se constitui em conceito-chave, em que a relação de domínio/subordinação que as permeia é um fato fundamental. Formada pela dupla via de produção material e da produção ideológica, a relação que entre elas se estabelece, que não é uma relação de interdependência, também é exercida através tanto da produção quanto da ideologia, embora sob formas diversos." (In: Cardoso, 1978, p. 72)

2. "A determinação se refere à estrutura econômica como contradição entre forças produtivas e relações de produção que, enquanto relações sociais, remetem diretamente, nas sociedades de classe, às classes sociais." (In: Cardoso, 1978, p. 61)

mente para viabilizar o atendimento de necessidades a indivíduos considerados carentes. Assim, desde já, pode-se admitir que os trabalhadores lutam para suprir suas carências e não para exigir a presença do assistente social na empresa. (Ver Iamamoto e Carvalho, 1982: 84).

Noutros termos, pode-se afirmar que o empresariado "atende" ao trabalhador inclusive contratando um assistente social. Ora, posto que o capitalista, enquanto classe dominante, tende a atender ao trabalhador sem perder de vista a preservação de seu próprio projeto social, seria possível inferir que o assistente social entraria no cenário empresarial para servir unicamente ao capital, embora sendo reconhecido como um técnico em "assistir carentes".

Todavia, neste nível de reflexão, só restaria concluir que o Serviço Social, por uma determinação mecânica, estaria fadado a servir ao capital já que sua presença na empresa não é uma aspiração do trabalhador e sim uma inovação do capital. Esta conclusão impediria, na verdade, a eclosão de qualquer movimento que postulasse a ruptura de identidade entre objetivos profissionais e objetivos do capital; ou, então, ter-se-ia que apelar para o outro extremo, isto é, negar o campo institucional de prática.

Contudo, se entendermos que as classes sociais existem numa relação contraditória, tal conclusão precisaria ser alterada desde que a mediação do Serviço Social também é plasmada contraditoriamente, podendo servir ora ao capital, ora ao trabalhador, dependendo das condições objetivas e das opções políticas de seus agentes.

Vislumbraríamos, pois, a possibilidade de o assistente social servir a uma ou a outra classe, em princípio, como uma "condição possível", dependendo, é claro, do estágio da correlação de forças entre as classes e da adesão dos agentes aos projetos de classe.

Assim, o que se afirma como uma possibilidade histórica para a ação do Serviço Social vem respaldar a pretensão de questionarmos, neste trabalho, os produtos do Serviço Social, guiados pelo interesse de construir uma ação orientada por uma opção política específica, isto é, servir prioritariamente aos trabalhadores.

Este empreendimento nos impõe a tarefa de resgatar o processo de construção da prática do Serviço Social na empresa, identificando suas determinações como uma precondição para a negação e superação de uma prática tradicional.

Aqui, o Serviço Social é considerado uma especialização do trabalho coletivo, inserido na divisão social e técnica do trabalho e, portanto, no todo das práticas sociais.[3] Este fato nos obriga a recuperar o conceito de profissão no contexto da sociedade capitalista, apreendendo a dinâmica da construção de uma prática no interior de uma relação contraditória entre capital e trabalho.

Nosso conceito de profissão é construído a partir do reconhecimento de uma relação entre existência de necessidades e a possibilidade do seu suprimento pela via de uma ação especializada que, por isso mesmo, assume um caráter social.

Deste modo, surgem atividades que se corporificam em especializações, como instrumentos para suprir necessidades de natureza material ou espiritual, quer seja diretamente, na transformação da natureza, quer seja indiretamente, dando condições para tal, caracterizando-se como profissões por serem um elenco de ações técnicas, fundamentadas em conhecimentos específicos, transmissíveis e sancionados pelas organizações educacionais e prestadoras de serviços, em função da sua especificidade.

Este conceito de profissão tem por base o reconhecimento do trabalho como uma atividade social, fruto da prática histórica dos indivíduos em sociedade. Assim, as profissões se criam a partir de necessidades sociais e se desenvolvem na medida da sua utilidade, vindo a institucionalizar ofícios reconhecidos socialmente num determinado tempo.

Sendo esta a primeira observação que se deve fazer sobre a construção das profissões, é, contudo, pertinente refazer o caminho entre a geração de uma atividade especializada e sua utilidade social para recuperar, em tal construção, os seus verdadeiros determinantes e o movimento dialético entre eles, bem como para evitar os equívocos da análise mecanicista.

---

3. "... a apreensão do significado histórico da profissão só se desvenda em sua inserção na sociedade, pois ela se afirma como instituição peculiar na e a partir da divisão social do trabalho. Como a profissão só existe em condições e relações sociais historicamente determinadas, é a partir das determinações históricas que se pode alcançar o significado social desse tipo de especialização do trabalho coletivo." (In: Iamamoto e Carvalho, 1982, p. 16)

Neste sentido, é cabível destacar que as necessidades só se configuram no próprio processo de existência dos indivíduos quando, para viver, eles necessitam suprir suas necessidades agindo coletivamente e se relacionando, seja na forma como utilizam os elementos da natureza — na criação de instrumentos e métodos para transformá-la em produtos úteis —, seja na forma como os produtos são apropriados e distribuídos. Tal relacionamento supõe um modo de produzir e de satisfazer necessidades na medida que, "neste processo de descoberta, de invenção em invenção, eles (os homens) aprenderam que para realizar um trabalho não dependem só da capacidade de produção individual e da matéria natural. Eles dependem também dos outros homens. Isto significa que a produção dos homens é uma produção social e que, para trabalhar e viver, eles são obrigados a fazer parte de um grupo". (Centro de Ação Comunitária, 1982: 15-6). Em outros termos, estabelecem relações de produção. (Marx, 1978: 129).

Assim, os indivíduos se organizam, interagem, convivem e pensam tendo por base a posição que ocupam no processo da produção material.

Com tal assertiva se esclarece que as necessidades podem ser identificadas historicamente, vale dizer, o momento histórico da emergência das necessidades já contém tanto a justificativa das diversas atividades produtivas como a forma de organização para produzir.

Por sua vez, o processo produtivo supõe diversos graus de divisão do trabalho em que se podem destacar as categorias trabalho manual e intelectual. Por exemplo, transmitir o método de produção de um bem não é a mesma tarefa que manipular os instrumentos de produção deste bem. Entretanto, ambos são ofícios legítimos na dinâmica da produção. Um envolve uma atividade direta e, portanto, sua utilidade é imediata no processo produtivo; o outro é uma atividade intelectual, indireta, mas igualmente necessária à produção. Logo, ambos são tarefas específicas da produção, determinadas socialmente e mutáveis de acordo com as necessidades de cada momento.

A partir, pois, da divisão do trabalho é que se pode concluir que existe, também, uma determinação social na geração de qualquer profissão, que se expressa tanto pela finalidade-utilidade do bem produzido pela ação profissional, como pela forma como ele é produzido, ou seja, através dos conhecimentos, métodos e técnicas que são utilizados na sua produção.

Acontece, porém, que a determinação não se encerra nestes dois pontos. Existe o problema do reconhecimento ou legitimação social que se situa para além dos produtos criados pela profissão.

Por outro lado, no seu desenvolvimento, as profissões criam um conhecimento específico sobre seus objetos que, por envolver uma ação continuada, gera novos níveis de construção, envolvendo, pois, nova relação dinâmica entre conhecimento e prática. Por isso mesmo, a historicidade de uma profissão também incorpora uma relativa autonomia em relação àquilo que a determina.

Todavia, a mediação entre a necessidade e a sua satisfação se realiza em função tanto da existência de condições objetivas quanto da possibilidade de ação dos agentes da profissão. Logo, além da questão técnica, o exercício histórico de uma profissão é, sem dúvida, condicionado pelo uso de estratégias em face de limitações/possibilidades reais. Essas estratégias, na verdade, refletem a presença de um tipo de consciência social dos agentes, qualificando o exercício profissional, para além de uma mera questão de habilidades, como um comportamento político.

Tal comportamento político é identificado na medida em que a satisfação das necessidades é determinada pelas relações sociais, envolvendo um projeto hegemônico de classe.

Esta ordem de considerações, cujo tratamento foi genérico, nos abre a possibilidade de trabalhar sobre a construção de profissões no sistema capitalista, por permitir a identificação de algumas categorias que precisam tão-somente de qualificação sob o capital. Tais categorias, necessidades sociais e divisão social do trabalho foram apreendidas a partir do condito de sociedade como uma totalidade historicamente construída a partir do modo como os indivíduos se organizam para produzir. (Ver Marx, 1978: 103-16). A relação entre as categorias se fez admitindo que produzir é satisfazer necessidades que assegurem, primeiro, a existência material da vida. E, mais, um modo de viver e de se organizar como forças moventes/movidas de um mesmo processo — a produção social.

Possui, portanto, um componente histórico de "atualização", enquanto fruto de uma dinâmica entre a imperiosidade de transformar os elementos da natureza em objetos úteis e a forma como é pautada a organização social, tanto para produzir como para utilizar tais objetos, "com a finalidade última de reproduzir a própria espécie humana". (Engels, 1982: 2 e ss.)

A constituição do modo capitalista de produção se realiza historicamente sobre uma relação entre proprietários de meios de produção e vendedores de força de trabalho. Um tipo de relação, na verdade, estabelecido entre o capital e o trabalho, que permite à classe que possui o capital valorizá-lo, acumulando-o e reproduzindo-o pela via da apropriação do trabalho excedente na produção de mercadorias.

Assim,

> capital não é uma coisa material, mas uma determinada relação social de produção, correspondente a uma determinada formação histórica da sociedade que toma corpo em uma coisa material e lhe Infunde um caráter social específico. O capital é a soma dos meios de produção convertidos em capital (...) É o conjunto dos meios de produção monopolizados por uma parte da sociedade, os produtores, e as condições de exercício da força de trabalho substantivadas frente à força de trabalho viva e a que este antagonismo personifica como capital. (Marx, 1975: 154. Apud Iamamoto e Carvalho, 1982: 31)

Nesse sentido, as formas sociais e técnicas sob as quais se organiza o processo produtivo geram, por sua vez, novas necessidades específicas tanto em quantidade como em qualidade.

No capitalismo, tais peculiaridades somente podem ser entendidas a partir do momento em que a força de trabalho humano se transforma numa mercadoria que o capital adquiriu, mediante compra, para produzir mais-valia e, conseqüentemente, para acumular e se reproduzir no processo de realização. (Marx, 1980: 187-97).

Mais ainda, ao somente possuir força de trabalho, o trabalhador é obrigado a vendê-la ao capitalista, submetendo seu próprio projeto de existência ao capital e às necessidades criadas por ele. Com efeito, o que o capital paga ao trabalhador constitui o mínimo necessário para que ele consiga manter e reproduzir sua força de trabalho viva. (Marx, 1980: 191-97).

O parâmetro das necessidades, portanto, não é a liberdade de consumir a produção nem tampouco a escolha de o que produzir, mas simplesmente aquilo que assegura, em primeiro lugar, a reposição das energias gastas pelo trabalhador.

Neste sentido, as necessidades são manipuladas pelo capital, embora com a participação do trabalhador; na medida em que participa do processo de produção, o trabalhador cria valores para o capital e recebe de volta a imposição de uma determinada forma de suprir suas necessidades.

Dentro de tal contexto das relações sociais, torna-se óbvio que o trabalhador não somente se subordina ao capital como também é obrigado a servir às suas finalidades sem, no entanto, usufruir em igual medida da riqueza que produz. (Marx, 1980: 209-10).

Tendo por base estes parâmetros gerais, que permitem configurar o tipo de relações existente entre o capital e o trabalho, cabe indagar como é assegurada essa relação do ponto de vista técnico e político, para situarmos a questão da utilidade de uma profissão como a de Serviço Social.

Visto que o objetivo do capitalista é acumular e reproduzir capital mediante apropriação de trabalho excedente, incorporado à mercadoria, é lícito destacar que a organização do trabalho se faz para responder a tal finalidade. Vale esclarecer que a organização do trabalho nada mais é do que a forma como se dividem e se combinam as diversas atividades humanas, quer seja no interior das unidades de produção, por uma imposição técnica do processo de trabalho, quer seja no todo da sociedade, por uma determinação não só da acumulação e reprodução do capital, como também da sua expansão.

Embora por justificativas distintas (políticas ou técnicas), a organização do trabalho se estrutura com a finalidade de atender a necessidades que, por sua vez, como já vimos, emergem numa determinada sociedade e num momento dado a partir do modo e da forma de produzir. Sejam do tipo material ou espiritual, de natureza vital ou circunstancial, as necessidades, em última instância, são determinadas pela base econômica. E isso é patente não na identificação da necessidade em si, mas no caráter seletivo que a produção capitalista impõe ao seu atendimento. Seus critérios, pois, não são apenas técnicos, mas principalmente político-ideológicos, como veremos.

Por sua vez, a divisão do trabalho, como já referimos, inclui tanto o trabalho intelectual como o manual, que assumem no processo de organização da produção a característica de trabalho produtivo e improdutivo, dependendo da participação do trabalhador no processo da produção social.

Segundo Marx, a "conceituação do trabalho produtivo, derivada apenas do processo de trabalho, não é de modo nenhum adequada ao processo da produção capitalista". (Marx, 1980: 583-4). Na verdade,

> o produto deixa de ser o resultado imediato da atividade do produtor individual para tornar-se produto social, comum, de um trabalhador coletivo, isto é, de uma combinação de trabalhadores, podendo ser direta ou indireta a participação de cada um deles na manipulação do objeto sobre que Incide o trabalho. A conceituação do trabalho produtivo e de seu executor, o trabalhador produtivo, amplia-se em virtude desse caráter cooperativo do processo de trabalho. (Marx, 1980: 583-4)

Na discussão das teorias da mais-valia, Marx volta a afirmar:

> O conceito de trabalho produtivo não compreende apenas uma relação entre atividade e efeito útil, entre trabalhador e produto de trabalho, mas também uma relação de produção especificamente social, de origem histórica, que faz do trabalhador o instrumento direto de criar mais-valia. (Marx, 1980: 584)

Com essa afirmação, parece possível pensar que a questão do trabalho produtivo tem um sentido restrito ao se falar de processo de trabalho, das operações ligadas à fabricação do produto, e um sentido mais abrangente ao referir-se indistintamente às tarefas "intermediárias", facilitadoras de quaisquer condições da geração da mais-valia.

A respeito do assunto, Lúcio Kowarick coloca que

> não só no capítulo *inédito*, mas também em *O Capital* ou nas teorias da mais-valia, existem amplas oportunidades de se pensar como produ-

O FEITIÇO DA AJUDA

tivo não só o trabalho que produz diretamente mais-valia, mas também aquele desempenhado por um conjunto de novas categorias sociais que ocupam posições estratégicas no processo de reprodução e expansão do capital e que não são nem proprietários nem operários *stricto sensu*. (Kowarick. In: Gadotti, 1983: 47)

Neste caso, poderíamos, talvez, dar amparo, pela via da interpretação de Kowarick, à inserção de alguns profissionais, necessários à reprodução e expansão do capital, pertencentes à chamada classe média, onde se incluiria o Serviço Social.

Se assim for, temos o fundamento para o que abordamos no início deste estudo, ou seja, a relação entre necessidades e divisão do trabalho como categorias presentes na construção das profissões no sistema capitalista.

Todavia, segundo Kowarick,

uma definição do que é trabalho produtivo implica uma definição das necessidades humanas e do capital (...) pelo menos em tese parece possível vislumbrar (...) um conjunto de bens e serviços mais voltados à satisfação das necessidades humanas em contraposição a um outro conjunto para a manutenção e expansão do sistema capitalista. (Kowarick. In: Gadotti, 1983: 49)

Embora se possa aceitar como correta a questão da relação entre necessidades e trabalho produtivo/improdutivo, Kowarick não conceitua tais necessidades, quer humanas, quer do capital, deixando dúvidas quanto à totalidade referida.

No caso, pode-se pensar em necessidades vitais e culturais; as primeiras presentes em qualquer formação econômica e social, as segundas se referindo a necessidades que se criam a partir de um modo específico de produção.

As empresas capitalistas modernas, por exemplo, mantêm serviços sociais tais como ambulatórios médicos, refeitórios, transporte etc. que, sem dúvida, respondem a necessidades humanas básicas como saúde, alimentação, locomoção etc.

No entanto, a questão fundamental para o capitalista não é propriamente satisfazer a tais necessidades, mas sim economizar o tempo despendido pelo trabalhador quando se torna usuário de tais serviços fora do ambiente e do controle da empresa. Ora, para isso o capital desenvolve técnicas de administração de pessoal, cujos agentes não passam de trabalhadores improdutivos. Em conseqüência, para aumentar a produtividade do trabalho produtivo, a empresa cria uma série de funções improdutivas, resultando que a distinção entre necessidades humanas e do capital nada mais é do que a aparência de um mesmo fato, isto é, a necessidade crescente do capital em produzir mais-valia.

Pelo que foi exposto, o que parece possível de se concluir, no momento, em relação às profissões, é que sua construção se dá face à estreita relação dialética entre necessidades humanas básicas e organização da produção, determinada pela necessidade da acumulação e da reprodução capitalista.

Assim, para se apreender o surgimento de uma profissão é necessário examinar o próprio movimento da sociedade, identificando não somente as necessidades existentes, como também o seu processo de criação e apropriação pelos agentes no interior da correlação de forças entre as classes. A partir daí, será possível configurar o ideário profissional construído, posto que, estando as classes em relação, somente identificando os produtos da ação profissional nesta totalidade é possível saber a quem ela serve prioritariamente e, se for o caso, o que ela pode negar.

Nestes termos, o questionamento do Serviço Social como uma profissão que, historicamente, tem servido aos interesses da classe capitalista, além de meras considerações técnicas sobre a necessidade do seu aparecimento, implica o esclarecimento do projeto político a que está necessariamente ligada a sua origem. Em conseqüência, os limites de explicação estão determinados não pelas necessidades humanas, em abstrato, mas pela estratégia do capital em controlá-las.

Pelo que foi exposto até o momento, é possível sumariar as diretrizes do nosso estudo. Parte-se do pressuposto de que a construção da profissão de Serviço Social, como tantas outras, pode ser vista dentro de uma totalidade em que as práticas sociais são historicamente determinadas. Essa determinação é resgatada em cima da relação existente entre divisão social do trabalho e atendimento de necessidades.

Configura-se tal relação na medida em que as entidades requisitantes do Serviço Social, em que se inclui primordialmente a empresa capitalista, colocam exigências para a profissão, a título de fenômenos passíveis de intervenção, problematizando determinadas necessidades sociais, e a profissão, para respondê-las, peculiariza um conjunto de ações reconhecidas como adequadas ao tratamento dos fenômenos.

A determinação se faz presente, pois, quer seja do ponto de vista técnico, quer seja do ponto de vista político, porque a entidade requisitante, instituição situada na sociedade capitalista, não se exclui da produção e reprodução das relações sociais vigentes.

Neste sentido, as necessidades são apreendidas tendo como pano de fundo os objetivos da empresa, marcados pela posição que ocupa no processo de produção e pelos instrumentos que asseguram a sua reprodução.

Por outro lado, a profissão, para ser apreendida, exige, como ponto de apoio, que consideremos a sua inserção na empresa a partir dos elementos que estão presentes na sua legitimação social, isto é, o seu foco de reconhecimento, a relativa autonomia técnica e as intenções de seus agentes, bem como, ainda, as condições objetivas existentes.

Nosso propósito aqui não é o de constatar a organicidade prioritária da profissão com a classe dominante, mas, tomando-a como um dado, resgatá-la com o objetivo de esboçar vias de discussão acerca da sua negação e superação.

Em princípio, podemos considerar que o Serviço Social não é uma "entidade" utilizada pelo capital em razão de não possuir uma identidade teórica ou mesmo um "posicionamento político" por parte de seus agentes, como se pensa tradicionalmente.

Na verdade, o Serviço Social é produto das práticas sociais capitalistas e, portanto, somente é possível pensar na sua superação por uma redefinição da prática dentro de um projeto político alternativo que conduza a problemática técnica. Nega-se, portanto, qualquer viabilidade de mudança pela via da mera autonomia técnica ou da simples vontade individual dos agentes.

Contudo, embora a forma e a natureza das relações sociais determinem o encaminhamento da prática no sentido de elegibilidade de necessidades, como fenômenos objeto da intervenção do Serviço Social, e que são repassadas como exigência das entidades requisitantes, nem por isso se pode omitir, no processo de legitimação do Serviço Social, a existência de relativa autonomia da profissão ao atuar sobre um objeto, articulando teoria e prática, quando utiliza e constrói conhecimentos que se apresentam quer seja na formulação dos seus objetivos específicos, quer nas estratégias metodológicas.

Ora, o problema da autonomia, assim colocado, incide na possibilidade de uma Identidade entre objeto construído pela profissão e objeto determinado pela instituição, princípio que, justamente, reafirma a impossibilidade de se pensar numa neutralidade da profissão.

Por outro lado, a negação dessa identidade se verifica na medida em que se possam diferenciar percepções e intenções da ação profissional e da instituição no que toca à problematização da realidade.[4] Assim, como as instituições não são espaços coesos e uniformes, produtos unicamente da ideologia dominante (Serra, 1982: 29-35), é na prática social onde se manifesta a oposição entre as classes que se define a possibilidade de negação. Vale dizer que a consciência social dos agentes, produto da sua inserção na luta de classes, a despeito de um ideário construído historicamente na base de "identidade institucional", constitui a fonte que pode gerar uma nova prática profissional organicamente ligada às classes subalternas.

Com efeito, apesar das entidades requisitantes esperarem e exigirem de seus assistentes sociais uma organicidade em relação aos seus objetivos, essa adesão (espontânea ou não) esbarra na condição de serem os técnicos também vendedores de força de trabalho. Surgem, pois, de um lado, mecanismos formais de controle e persuasão e, de outro, a inegável convivência cotidiana com as contradições sociais, criando condições para a formação da consciência social/ profissional dos seus agentes à base de uma identidade ideológica com os trabalhadores.

---

4. Discutindo sobre a prática institucionalizada do Serviço Social, Rose Mary Serra afirma que "a Identidade do Serviço Social sempre esteve diluída na identidade Institucional, na medida em que assumiu, como seus, o saber, a política, as regras e as normas das Instituições". (In: Serra, 1982: 42)

O FEITIÇO DA AJUDA

43

Tais condições estão presentes na prática cotidiana quando, apesar de o Serviço Social ser requisitado diretamente pela empresa para atuar junto ao trabalhador, não se nega que este participe do processo. E isso ocorre não apenas porque ele é usuário dos serviços, mas porque, sendo tais serviços criados para atender a situações reais, mesmo sob vigilância do capital, elas também são problematizadas pelo trabalhador.

Neste sentido, pode-se pensar que, embora as necessidades surjam a partir da forma como os indivíduos se inserem na produção material, é no nível ideológico que os indivíduos tomam consciência da sua posição no processo de produção. (Marx, 1978b: 129-30). Ora, como as classes têm interesses e posições contraditórios, a consciência de tal fato pode permitir uma ação de retorno da superestrutura sobre a infra-estrutura, via ação política de classe, negando, pois, a relação que a gerou.[5]

Todavia, freqüentemente considera-se que o trabalhador não é capaz de produzir sua própria ideologia, assumindo tão-somente a da classe dominante, proposição, na verdade, subjacente à ação política do Serviço Social tradicional. (Cardoso, 1978: 76-84).

Entretanto, a possibilidade de o trabalhador construir sua própria ideologia, a partir da problematização de suas necessidades, configura a existência de um potencial negador do sistema e permite uma redefinição da prática do assistente social, quando ele próprio também nega o capital ao se identificar como vendedor de força de trabalho e se reconhecer como coparticipante da construção do projeto político da classe dominada.

Aceitos tais pressupostos, nossa estratégia de trabalho se firma na crença de que o resgate da construção da prática do Serviço Social na empresa é uma condição para apropriar e contestar a requisição que lhe deu origem e significado no dito campo de trabalho.

Nosso interesse é defender a participação profissional na construção de um projeto político, onde a ação se inscreve não por força

---

5. Sobre o tema, Alba Pinho, interpretando o pensamento gramsciano, afirma que "Gramsci deixa entender (...) que a sua intenção é, a partir da determinação do econômico, mostrar que essa determinação não é absoluta e que, apesar de determinada, tem uma eficácia própria, constituindo também condição fundamental para a inversão da práxis". (In: Carvalho, 1983: 32 e ss.)

de uma rearticulação interna e isolada, de tipo corporativo, mas como um movimento que, embora surja em nível da profissão, lança-a no outro pólo da contradição fundamental, isto é, negar o interesse do capital e afirmar o interesse da classe trabalhadora.

A história da profissão nos diz que o Serviço Social se desenvolve "como uma ação que é polarizada pelo interesse das classes, tendendo a ser cooptado por aqueles que têm uma posição dominante. Não como uma ação exclusiva destes, haja vista as classes existirem em relação". (Iamamoto e Carvalho, 1982: 75).

Além disso, depreende-se da história do Serviço Social, compondo seu ideário profissional, uma prática voltada para o atendimento das camadas carentes da sociedade.

Essa especificação se afirma, no seu desenvolvimento histórico, de acordo com o contexto econômico e social e com o aparecimento de renovadas estratégias de ação.

Diversos autores colocam o surgimento da profissão na América Latina entre 30/40, concomitante ao desenvolvimento do capital industrial, embora tenham existido formas embrionárias antes daquela data como, por exemplo, as iniciativas da Igreja e de instituições beneficentes. (Iamamoto e Carvalho, 1982. cap. I a III).

As prefigurações do Serviço Social, de fato, têm raízes na caridade e beneficência como iniciativa particular e da Igreja. Partindo da identificação da pobreza, instaura ações de caráter redistributivo da riqueza, assumindo-se que caberia aos ricos, ou aos seus agentes orgânicos, distribuir seus excessos com os que nada tinham, tendo como parâmetro a convicção, dada pela religião, de que a solidariedade com a pobreza, através da assistência social, era uma forma de fazer o bem.

> Em suas raízes, o Serviço Social está intimamente vinculado a iniciativas da Igreja, como parte de sua estratégia de qualificação do laicato (...). Configura-se, assim, um caráter missionário à atividade profissional como meio de fazer face aos imperativos da justiça e caridade (...). (Iamamoto e Carvalho, 1982: 83).

Tais iniciativas atendiam a necessidades materiais concretas de doentes, órfãos, viúvas, idosos, desocupados etc. A prática se fazia com a criação de equipamentos, tais como orfanatos, patronatos, abrigos, centros assistenciais etc., configurando-se como uma ajuda dos ricos aos pobres diante da impossibilidade de acabar com a miséria.

> Se esta é a fonte legitimadora dessa ação profissional nos seus primórdios, ela não se choca com o crescente aproveitamento e cooptação desse agente pelo aparato de Estado e pelo empresariado que, progressivamente, vão atribuindo novas determinações à legitimação e à institucionalização do Serviço Social. (Iamamoto e Carvalho, 1982: 83).

Com o desenvolvimento do capital industrial, no entanto, ainda que persistindo as formas assistenciais iniciadas pela Igreja e grupos abastados da sociedade, atendendo a prerrogativas técnicas, é alterado o panorama da assistência.

De um lado, é alterada a problemática da pobreza; a partir de então, considera-se o proletariado urbano como clientela, cujas necessidades são identificadas na concentração urbana, no desemprego, na precariedade dos serviços de infra-estrutura e da assistência médico-previdenciária, exigindo, portanto, novas soluções para uma situação mais complexa tanto qualitativa como quantitativamente.

De outro lado, é preciso fazer uso racional da assistência, saber o quê, quando e como o indivíduo é merecedor de ajuda. Essa racionalidade se consubstancia na geração de modelos de ação profissional cuja transmissão será encargo do aparelho formador, isto é, a escola. Além disso, não mais interessa que a iniciativa particular assuma a direção do processo assistencial. Mesmo porque ela já não consegue dar conta da instituição de uma profissão, surgindo, em conseqüência, a iniciativa do Estado.

Com efeito, como escreve Kowarick

> (...) frente ao movimento das forças sociais, o Estado, em primeiro lugar, mantém o pacto de dominação. Em segundo lugar, deve assegurar uma distribuição de benefícios para as classes e frações sobre as quais está contraditoriamente estruturado o pacto de dominação (...) que represente, em última instância, a defesa dos interesses básicos e fundamentais das frações dominantes. Porém, reflete sempre uma dinâmica de oposição e conflito (...). (Kowarick, 1979: 7-8).

Neste sentido, legitimando sua existência enquanto uma relação de poder, o Estado se alia à riqueza para suprir as necessidades da pobreza, criando serviços que se organizam em torno da assistência material, educacional, previdenciária, médica e sanitária, e requisitando os "profissionais de ajuda aos pobres". (Ver Faleiros, 1983: 46 e 47 e Serra, 1982: 21-8).

Permanece o princípio, isto é, a ajuda como uma forma de compor uma situação de carência material pelo não-interesse em modificá-la, mas o Serviço Social é legitimado como uma profissão especializada em ajudar os carentes por um mandato institucional. E isso ele faz, seja pelo exercício da ajuda material, seja pela racionalização dessa ajuda, seja pela orientação junto a indivíduos, grupos e comunidades, de acordo com objetivos políticos específicos.

Ao discutir o assunto, Maria Luiza de Souza diz que

> os referidos profissionais devem orientar a população para que a assistência solicitada se torne eficaz. A importância desta eficácia está relacionada a duas funções primordiais que devem ser realizadas através da assistência (...) deve complementar as condições necessárias à reprodução da população carente enquanto força de trabalho (...) os auxílios e as ajudas sobre as mais diversas perspectivas que se apresentam (...) devem ser eficazes enquanto instrumentos de disciplinamento e socialização a fim de garantir a ordem social. (Souza, 1979: 49).

Assim, o assistente social é, antes de mais nada, reconhecido como o especialista no trato com problemas das classes subalternas, tanto pelas suas habilidades de racionalizador como de veiculador de orientações, numa perspectiva política bem definida: ajudar os indivíduos a conviver com a miséria.

A conseqüência dessa legitimação se apresenta, em princípio, no espontaneísmo da sua ação, calcada muito mais em valores altruístas dos seus agentes, eivados da moral religiosa e da neutralidade profissional (cf. Carvalho, 1980: 68-9). Neste contexto, o homem é visto como um indivíduo passível de viver na miséria por uma contingência; o Serviço Social, no caso, não questiona as razões da miséria, mas encontra e aperfeiçoa formas de tratá-la.

Contudo, a necessidade de eficiência, entendida como técnica científica, leva o profissional a aplicar conceitos a uma massa de situações que precisam de explicações e justificativas para além do senso comum.

Em outros termos, a ação do Serviço Social vai se aprimorando no trato da desigualdade social, conceituada como pobreza e descrita em função das carências materiais, dos desvios de comportamento, da marginalidade das populações periféricas e das situações sociais residuais (o menor abandonado, o desempregado, o velho, o presidiário, o previdenciário, o doente mental etc.).

Deste modo, a profissão vai-se gestando em função da proliferação de organizações responsáveis pela prestação de serviços para atender os "problemas sociais", fato que gera uma identificação entre profissão e instituição assistencial. Neste sentido, as necessidades e instituições são consideradas "campos de prática" do Serviço Social em lugar das manifestações das desigualdades sociais e de suas formas institucionais de controle.[6]

Sendo este o resgate da legitimação profissional, confundindo-se aparência com realidade, ao falar em Serviço Social na empresa, deixamos claro que não acatamos a idéia acima esboçada que tenta metamorfosear as conseqüências da divisão do trabalho na sociedade capitalista em problemas sociais comuns e naturais a qualquer tipo de sociedade.

Admitimos que a profissão, ao atuar numa dada entidade, possui determinadas peculiarizações em função das justificativas e produtos imediatos postos para a ação. Mas a certeza de que interessa às instituições a manutenção da desigualdade, pela via da assistência, sobrepõe-se a tais especificidades.

Todavia, essa tarefa de manter e administrar a desigualdade não é fácil e nem tampouco exclusiva dos assistentes sociais. Primeiro, porque ela não é espontânea e sim permeada por interesses antagônicos e, portanto, a manutenção não é uma decorrência natural. Ao contrário, exige formulação de estratégias, próprias da vigilância requerida num jogo de forças opostas, na tentativa de reforçar a

---

6. Acerca do tema, afirma Nobuco Kameyama que "a clientela, embora em sua maioria pertença às classes populares e os problemas por ela apresentados afetem o conjunto das classes dominadas, é classificada por categorias, tipificadas por suas características físicas, psicológicas ou sociais, fragmentando-a politicamente e, conseqüentemente, negando a existência de classes sociais". (Kameyama, 1981: 149)

apropriação, por parte do capital, de determinadas manifestações da "desigualdade" e devolvê-las ao trabalhador com outros matizes, para que ele não as faça instrumento de luta contra o capital.

O objeto dessa apropriação surge dentro de um discurso humanizador, cujo objetivo de "ajuda" tem como finalidade manter e reproduzir as relações sociais capitalistas.

Para fins do nosso estudo, pensamos em observar como, nas empresas, enquanto espaço institucional de atuação da profissão, se apresenta a prática do Serviço Social.

Em primeiro lugar, analisamos as requisições institucionais e a proposta de trabalho do Serviço Social.

Assim, tentamos identificar as necessidades que são assumidas pela empresa e como são problematizadas e geridas, bem como a maneira como o Serviço Social responde a tal requisição.

Neste sentido, as necessidades são entendidas como exigências que se configuram como uma forma de problematização e intervenção em função dos objetivos e posição da empresa capitalista no processo de produção, e assim colocadas para a profissão.

A intervenção do Serviço Social é assumida como um produto de uma articulação teórico-prática para responder a tais exigências, dando legitimidade ao processo de produção do lugar do Serviço Social na empresa e no todo das práticas sociais, identificadas no seu objeto, objetivos, conhecimentos, métodos e, principalmente, nos produtos da ação, estando situadas numa sociedade em que as classes têm interesses opostos.

Além disso, e por considerarmos que o trabalhador é também um requisitante, procuramos identificar como ele problematiza a intervenção tanto da empresa como do Serviço Social, dado seu potencial negador do sistema.

Nestes termos, propomos confrontar exigências dos trabalhadores e da empresa para com o Serviço Social e ao mesmo tempo verificar qual o encaminhamento da ação profissional face à oposição de interesses dos representantes institucionais do capital e do trabalho.

Para realizar esta tarefa, recorremos à pesquisa de campo junto a empresas do Recife e Grande Recife que empregam assistentes sociais, entrevistando representantes da direção da empresa, técnicos e trabalhadores.

Para isso, fizemos um cadastro de 40 empresas, a partir de indicações de alguns profissionais que nelas trabalham, por inexistirem dados oficiais.

Do universo cadastrado, foram excluídas 18 entidades: oito, por se tratar de usinas localizadas em área rural; cinco, por falta de autorização para as entrevistas; e três, por motivos de ordem operacional.

A pesquisa compreendeu, portanto, 22 empresas, sendo realizadas 67 entrevistas: 22 com trabalhadores, 23 com assistentes sociais e 22 com representantes de dirigentes,

Utilizamos entrevistas abertas, gravadas em fita cassete, com duração média de 60 minutos e tendo um núcleo comum de discussão, isto é, o que justifica a existência de Serviço Social numa empresa e que atividades realiza o assistente social.

As entrevistas foram realizadas no período de 2/2/83 a 30/4/83, nos próprios locais de trabalho dos entrevistados, e mediante autorização expressa das empresas.

Gostaríamos, no final desta Introdução, de agradecer a todos que colaboraram com o presente estudo, especialmente aos entrevistados que se colocaram à nossa disposição; aos amigos do Banco do Brasil S.A. e do Departamento de Serviço Social da UFPE pela solidariedade e compreensão para conosco durante a elaboração deste trabalho; a Miriam Padilha, pelo apoio e amizade durante a confecção do estudo; ao Professor Denís Bernardes, que nos acompanhou no desenvolvimento do projeto de dissertação; a minhas ex-alunas Rosa, Justina, Valéria, Rita, Wedneide, Generosa e Umbelina, que nos auxiliaram na transcrição das entrevistas e computação dos dados; a Antonio Fernando que, democraticamente, respeitou a nossa tarefa e autonomia intelectual; à Professora Eunice Pereira de Souza, que com honestidade e carinho nos estimulou na realização deste trabalho; às Professoras Marilda Iamamoto e Nobuco Kameyama pelas valiosas considerações críticas feitas aos originais.

Finalmente, ao Professor Gadiel Perruci — nosso orientador de dissertação — que, num momento difícil da construção deste trabalho, nos levou a uma atitude crítica em termos de superação dos obstáculos. Seu companheirismo e interesse em nossas discussões determinaram a qualidade da emoção contida neste trabalho.

Capítulo I

A requisição da empresa

Neste estudo, a empresa é considerada como requisitante institucional da profissão de Serviço Social. Tal requisição mostra que a empresa legitima a ação da profissão no limite dos seus interesses; isto é, reconhece que os serviços prestados historicamente pelos assistentes sociais atendem suas necessidades.

Esta constatação, entretanto, não nos permite identificar as expectativas da instituição quando contrata o assistente social, haja vista seu caráter generalizador e, portanto, extensivo às demais instituições empregadoras do profissional.

Para discutir, especificamente, a questão da inserção do Serviço Social no âmbito da empresa capitalista, é mister, pois, identificar os objetivos e interesses daquela entidade para, em seguida, situar tanto as razões de requisição da profissão como as exigências que faz ao profissional, fato que nos permitirá localizar condições objetivas, determinadoras da prática do Serviço Social naquela instituição.

A empresa é conceituada como uma instituição cujo objetivo é gerenciar capital e trabalho na produção de bens e serviços que se transformam em mercadorias. Através desse gerenciamento, ela assegura a valorização do capital, acumulando-o e reproduzindo-o e tendo na produção da mais-valia um instrumento para obtenção de lucros.

Insere-se, pois, numa totalidade histórica, o modo de produção capitalista, cuja existência e realização é permeada de pactos de natureza econômica, política, social e ideológica. Como instituição, está

> imersa na dinâmica social global e, ainda que tenha características e objetivos próprios, é condicionada ao movimento histórico da sociedade. Aliás, as contradições e conflitos inerentes a uma determinada formação social penetram todas e cada uma das instituições, mas a intensidade e a profundidade variam de acordo com a situação estrutural e/ou conjuntural, com a posição da instituição no conjunto da sociedade. (Santos, 1980: 116).

Assim, o processo de requisição da prática do Serviço Social pela empresa passa por tal consideração, deixando-nos perceber que, embora esta requisição se concretize na delimitação de fenômenos, objeto da ação profissional na empresa, ela se inclui numa relação social mais ampla: a produção e reprodução das relações de produção no todo da sociedade.

A legitimidade institucional, portanto, não se dá apenas pelo caráter técnico da empresa, que é gerenciar o processo produtivo, mas pelo fato de a empresa, ao cumprir sua função técnica, ser concebida, também, como "um dos lugares onde se articulam relações sociais capitalistas e no seio das quais (empresas) essas relações se reproduzem". (Casalet, 1974: 20-1. In: Rico, 1982: 47). Não se trata, portanto, de reduzir a empresa à determinação da prática do Serviço Social na sociedade, mas de caracterizá-la como mediadora de determinações mais gerais, o que ela faz na qualidade de requisitante institucional. Em realidade, apenas se ressalta a participação da empresa no processo de legitimação da prática do Serviço Social, na medida em que requer a ação profissional em função da representatividade social que esta possui e quando exige criação de novas ações para atender prerrogativas específicas, isto é, os problemas sociais dos seus empregados que afetam a produtividade da força de trabalho.

Nesta perspectiva, propomo-nos identificar, inicialmente, a relação existente entre os objetivos da empresa e a apropriação de determinadas necessidades, qualificadas de problemas sociais do tra-

O FEITIÇO DA AJUDA

balhador e definidas como objeto de intervenção do Serviço Social, para, em seguida, ver por que o Serviço Social é requisitado.

As empresas não são consideradas tradicionais empregadores de assistentes sociais, isto é, como participantes do rol de entidades que tiveram influência decisiva na institucionalização da profissão.[1] Embora seja conhecida a existência de experiências esparsas a partir dos anos 40, tanto no Sul como no Nordeste, é notório que a inclusão do Serviço Social na empresa se deve a conjunturas específicas, marcadamente a partir de 1960.[2]

Este fato nos permite configurar, inclusive, o contexto da divisão social do trabalho, haja vista que, por força de determinações históricas precisas, emergem novos espaços de ação profissional do Serviço Social, cuja explicação pode ser encontrada no crescente parcelamento de tarefas na sociedade para atender a necessidades do processo de produção.[3]

---

1. "O fato de o Serviço Social surgir paralelamente ao processo de Industrialização não significa que ele tenha sido usado para atender ao operário. Ao contrário, parece que desde seus primórdios sua atividade se destinou a aliviar os males sociais, como "problemas derivados de tal processo. Só na década de 60 se observa um impulso relevante do Serviço Social 'empresarial'. Só nos últimos anos se começou a falar em Serviço Social no setor operário". (In: Martinez, 1980: 68)

2. É possível estabelecer um nexo entre o surgimento de organizações prestadoras de serviços assistenciais a assalariados e a criação de setores de Serviço Social nas empresas. Observe-se que as primeiras experiências de Serviço Social junto a assalariados remonta à criação dos IAP, SENAI e SESI, na década de 40. Por outro lado, o contexto sócio-econômico e político do País, a partir da década de 60, vem evidenciar que os avanços do processo de industrialização e a expressão política de classe trabalhadora, via movimentos operários, criam condições objetivas para o surgimento do Serviço Social nas empresas. Sobre o assunto, sugerimos consultar trabalho elaborado pela Profa. Evany Mendonça acerca dos serviços assistenciais prestados pelo SESI e empresas privadas do Recife aos trabalhadores, na década de 50, que evidencia o fato com precisão. (Cf. Mendonça, 1956) (Mimeo.)

3. Estudando sobre a formação dos arquitetos, Sonia Marques mostra que, "como os demais processos de produção, os agentes que dele participam vão assumindo tarefas diferenciadas à medida que avança o desenvolvimento das forças produtivas e, conseqüentemente, o processo de divisão social do trabalho. Desse modo se assiste à fragmentação de tarefas e especializações no processo de produção de lugares que definem em cada momento histórico os níveis de Intervenção (...)". (Marques, 1983: 17)

(No caso dos assistentes sociais, dir-se-ia que surgem novos campos de prática, Isto é, embora não se fale especificamente em níveis de intervenção no sentido verti-

A primeira indagação a ser feita para entendermos as razões da existência do Serviço Social nas empresas refere-se ao fato de a instituição manter serviços sociais, já que esta atividade foge à sua especificidade técnica. Isso porque a empresa é uma unidade de produção com fins eminentemente lucrativos, não tendo, portanto, uma "vocação assistencial", como a maioria dos empregadores de assistentes sociais.

Ao discorrer sobre a empresa moderna, Braverman afirma que a "empresa é uma sociedade que realiza seu trabalho através da divisão do trabalho". (Braverman, 1981: 228).

Na empresa, existem funções básicas que se subdividem em outras funções, formando um todo de tarefas variadas e inter-relacionadas que, segundo o mesmo autor, seriam: mercadejamento, gerência e coordenação social. (Braverman, 1981: 226). Sobre a função de coordenação social, coloca:

> a complexidade da divisão social do trabalho, que o capitalismo desenvolveu (...) e a sociedade urbana concentrada, que pretende manter massas imensas em equilíbrio, exigem enorme quantidade de coordenação social, como nunca antes. Uma vez que a sociedade capitalista resiste e de fato não tem meios para desenvolver um mecanismo geral de planejamento social, muitas dessas funções públicas passam a ser assunto interno das empresas. O (...) preenchimento de lacuna pela empresa (...) é movido simplesmente por motivações capitalistas. (Braverman, 1981: 229)

A colocação é pertinente enquanto abordagem geral da questão. Todavia, é passível de críticas em dois pontos fundamentais. O primeiro se refere "à falta de meios da sociedade capitalista" no trato da questão; o segundo reside em não explicitar o que chama de motivações capitalistas ao dividir funções públicas e privadas, omitindo, inclusive, a questão da hegemonia do poder e do comando da produção na esfera privada.

---

cal/horizontal, mediante fragmentação de tarefas, como é o caso dos "caridosos" e, posteriormente, do assistente sociais, fala-se do parcelamento de fenômenos que passam a ser universo da ação dos assistentes sociais nas diversas entidades requisitantes, criando tarefas diferenciadas para a profissão.)

Podemos colocar o problema de outra forma. Kowarick, por exemplo, ao falar das políticas sociais na América Latina, explica a questão em termos de reprodução do capital e reprodução da força de trabalho. Diz que as "políticas sociais traduzem sempre uma tensão inteiramente contraditória entre os imperativos da reprodução do capital e as necessidades de reprodução da força de trabalho". (Kowarick, 1979: 12). Neste sentido, os gastos de inversão do Estado seriam fundamentais, concluindo Kowarick que "as políticas sociais (...) de reprodução da força de trabalho foram prejudicadas em função das necessidades de expansão do capital". (Kowarick, 1979: 12).

Nestes termos, temos argumentos para localizar os dois pontos aventados por Braverman, quando localiza a função de coordenação social da empresa. Parece, então, que não se trata de um constrangimento diante da falta de condições, mas de uma negociação, isto é, de pactos entre empresa e Estado, visto que formam o bloco hegemônico da dominação atendendo, inclusive, em cada momento histórico, necessidades que devem assegurar a manutenção do modo capitalista de produção tanto na acumulação e expansão do capital como na reprodução da força de trabalho.

Nesta ótica, "as motivações capitalistas" englobam não apenas uma complementaridade de ações da empresa e do Estado, identificada, aqui, tanto nos serviços sociais patrocinados pela empresa como na totalidade da reprodução das relações sociais, em que o Estado, como uma relação de poder, não se restringe ao caráter de "governo" (setor público e privado); mas se identifica, também, no processo de correlação de forças existentes, ao se unir ao capital em detrimento do trabalhador, mediante pactos de natureza política, econômica e ideológica. Estes pactos se situam numa totalidade onde estão incluídos trabalhadores, empresas e instituições, enquanto forças dominantes e dominadas que convivem em conflito.

Desta forma, a questão da "vocação assistencial" das empresas fica, em tese, situada, sendo necessário configurá-la numa conjuntura especifica que envolve a situação do trabalhador e os objetivos imediatos da empresa, estando presente, pois, nas requisições da profissão na medida em que os assistentes sociais são executores de políticas sociais no âmbito daquela instituição.

O discurso empresarial é límpido no que diz respeito às motivações capitalistas, basicamente centradas na reprodução da força do trabalho e na acumulação e reprodução do capital, como demonstra o depoimento que segue:

> Eu acho que se a empresa quiser se manter no mercado ela tem que se preocupar com a qualidade de vida do empregado antes de pensar em qualquer coisa que se queira fazer em termos de qualidade do produto e expansão de atividades. No momento que se tiver o empregado com uma boa qualidade de vida (...) você tem produção de qualidade e mercado em expansão. Isso para mim é direto.

Com efeito, para o empresário, a qualidade de vida é uma imposição da reprodução da força de trabalho. Entretanto, é interessante observar que, de uma só vez, são obtidos dois resultados com o mesmo investimento: um, a reprodução propriamente dita da força de trabalho; o outro, a transformação de uma prerrogativa da produção em uma ação humanitária. Isso se traduz nas apologias feitas acerca do fato de que tanto a empresa como o empregado se favorecem com tal investimento. O trabalhador, porque tem vida sadia, de melhor nível; a empresa, porque viabiliza melhor o processo produtivo.

Além disso, a reprodução material deve ser acompanhada da espiritual, o que caracterizaria a chamada "vocação assistencial" da empresa. Como afirma um empresário:

> O principal objetivo de empresa é manter o empregado em condições de trabalho de tal forma que ele tenha todos os recursos necessários para um bom ambiente familiar, social, dentro e fora da empresa, porque, com isso, também a empresa sabe que vai ter um elemento sadio (...) porque não pode trabalhar com um elemento perturbado (...) Agora, o enfoque é sempre o elemento humano, porque sem ele não conseguiríamos manter a empresa, porque não há dúvida de que a finalidade dela é realmente vender seu produto.

Dentro desta postura, é perfeitamente possível observar que a empresa presta serviços sem ter uma "vocação", tal como é assumida pelas instituições assistenciais tradicionais; na verdade, a empresa apenas comercializa a assistência social.

Mas o discurso empresarial, para além da simplicidade com que exclui qualquer participação do trabalhador em termos de pressão (quando traz para a empresa não só o trabalho mas também sua condição de vida), nos indica que a correlação de forças está presen-

O FEITIÇO DA AJUDA

te no momento em que a empresa coloca a questão dos serviços sociais como uma necessidade para manutenção da força de trabalho e, conseqüentemente, da própria produção.

Ora, tal necessidade, sentida: pela empresa, materializa, sem dúvida, a participação do trabalhador, relativizando, portanto, a autonomia da empresa no manejo das necessidades, mesmo sem considerar, como algumas empresas fazem, o fenômeno da consciência política da classe operária e ainda sem que se possa perceber nenhuma alteração na relação de dominação/exploração entre empregador/empregado.

Por outro lado, o argumento de que a assistência é voluntária parece confirmar a hipótese de que a empresa se apropria conscientemente da questão, em termos ideológicos. Como exprime um diretor de empresa:

> Nenhuma lei obriga a assistir socialmente os empregados; a empresa faz por questão de filosofia.

A afirmação acima comporta uma referência ao que o empresário define como lei, mesmo negando-a. Trata-se, aqui, evidentemente, não da lei capitalista, mas das formas jurídicas para a sua manutenção. O interesse é repassar o caráter positivo do Direito para comportamentos e idealizações que existiriam acima dos interesses materiais da sociedade e independentemente das relações de poder e dominação. Assim, indagando qual a "filosofia" da empresa, de que fala o empresário acima, vamos nos deparar com propostas e realizações que favorecem direta ou indiretamente a manutenção das formas organizativas da produção, a convivência pacífica do empregado com o empregador e a reprodução da força de trabalho.

Todavia, a política social não se esgota na assistência material, como quer transmitir o empresariado. De fato, a assistência material é um meio e não um fim, pois comporta a objetivação de interesses políticos, econômicos e ideológicos, desde que a ação se desenvolve conjugada à veiculação de explicações e à formulação de estratégias que têm um sentido determinado pela empresa. Mesmo assim, existem outras formas de assegurar os interesses da empresa que não as exclusivamente voltadas para a reprodução material, a exemplo daquelas situadas no setor de controle dos conflitos entre empresa e trabalhadores e na administração do processo de trabalho. Tudo isso se traduz no controle que a empresa exerce sobre os trabalhadores, do ponto de vista material e espiritual, para assegurar o emprego adequado da força de trabalho enquanto fonte de produção de mais-valia.

Mas, como afirma um dirigente, a seguir, as estratégias utilizadas pela empresa para fomentar a produtividade da força de trabalho devem ser vistas como proporcionadoras de satisfação ao trabalhador, e não como instrumento que favoreça a exploração daqueles. Assim:

> O empregado vem aqui, trabalha 8 horas e recebe o salário no final do mês para atender suas necessidades. O que nós queremos é que nestas oito horas ele trabalhe bem e satisfeito. Queremos estas 8 horas agradáveis. Interessa à empresa que o empregado se sinta bem no trabalho porque a empresa não quer explorar ninguém, só quer é que ele esteja trabalhando satisfeito.

Por isso mesmo interessa à empresa criar um moral de envolvimento, cujo fundamento é a igualdade civil do indivíduo, expressa no livre-comércio do trabalho e identificada numa relação de interdependência entre empresa e empregado, em que um vende a força de trabalho para viver e o outro a compra para produzir e lucrar. (Cf. Marx, 1980: 189).

Este argumento é sustentado por um dirigente quando fala do aumento da produtividade da força de trabalho, estabelecendo quase o que poderíamos chamar de "equilíbrio de vantagens". Assim:

> O crescimento de empresa é importante para o empregado porque lhe assegura a sua manutenção e de família e os benefícios que a empresa oferece (...) e a empresa se mantém no mercado.

Em realidade, a empresa estabelece uma relação contratual desigual de compra da força de trabalho em troca do pagamento de um salário, mantendo e institucionalizando as condições de exploração do trabalhador.[4]

---

4. "Dentro, do sistema do salariado, até o trabalho não remunerado parece trabalho pago (...) ainda que a parte do trabalho pago e a do não remunerado apareçam inseparadamente confundidas e o caráter de toda transação se disfarce por completo com a interferência de um contrato e o pagamento recebido (...)". (In: Marx, 1978: 84)

O FEITIÇO DA AJUDA

A situação objetiva do trabalhador, evidenciada no desequilíbrio entre o salário recebido e a precária capacidade de consumo dos bens necessários à sua manutenção e reprodução como força de trabalho, demonstra claramente que o livre-mercado de compra e venda da força de trabalho nada tem de livre, pois o trabalhador, por possuir apenas uma mercadoria, isto é, sua força de trabalho, é, de fato, obrigado a vendê-la ao preço médio estatuído pelo capitalista, sob pena de não poder sobreviver. (Ver Marx, 1978c: 80-4 e 88-95.) Tanto é assim que, para manter tal relação desigual, sem conflitos, a empresa recorre tanto à assistência social privada como, no âmbito do Estado, às leis e às políticas sociais e econômicas que, em última instância, são produzidas e determinadas pela relação da exploração que o capital exerce sobre o trabalho.

O contrato de compra e venda de força de trabalho é, pois, fornecido por um conjunto de práticas sociais, revestido por um manto ideológico que tenta não somente esconder a dominação e exploração da classe capitalista, como também, e principalmente, fazer passar tal relação como justa e vantajosa para ambas as partes.

Assim, a questão social passa a ser assumida pela empresa dentro de um contexto que é permeado tanto pela existência de "pactos de dominação", isto é, com o Estado, através de suas políticas de reprodução geral do capital, como por uma tensão entre empregado-empregador, identificada na pressão que a classe trabalhadora exerce pela via dos "seus" problemas, interferindo no processo organizativo da produção.

A pressão do trabalhador, na verdade, pode ocorrer tanto de forma consciente e organizada como por força da simples presença objetiva dos problemas na esfera da produção. Por isso mesmo, pela existência objetiva de tais problemas é que a empresa recorre ao auxílio das ciências do comportamento, como uma possibilidade concreta de manipulá-las em seu proveito.

Deste modo, as políticas sociais das empresas não são desenvolvidas de forma aleatória numa relação direta entre carência-solução. Antes, tais políticas se criam mediante critérios, patentes na eleição de necessidades a serem atendidas.

Como coloca um entrevistado:

> É um pessoal (trabalhador) subnutrido, adoece freqüentemente, recorre sempre a médicos e isso causa faltas (...) o nosso sistema é em

cadeias; então, se um não vem, congestiona todo o processo (...). Problema financeiro é o pior, porque realmente a vida está cara e o pessoal ganha salário mínimo; então, o déficit é imenso (...) também tem muito caso de fofocas (...) é gente que ficou grávida sem casar, traiu o marido (...) Isso gera tumulto e briga, prejudicando a produção.

Com efeito, na descrição dos problemas eleitos pela empresa, destaca-se o baixo nível de vida, que envolveria alimentação, moradia, transporte, saúde, lazer e carências de infra-estrutura nas comunidades. Além disso, há referências constantes aos problemas de desajustes comportamentais, entendidos como todo e qualquer problema relacionado com a disciplina, a família e a inadaptação do trabalhador ao ambiente das empresas.

Entretanto, não se trata de uma mera constatação de cunho empírico. Na verdade, a constatação dos "problemas do trabalhador" é previamente orientada por uma forma circular e mecânica dentro do estilo da "cultura da pobreza".

No depoimento de um empresário:

A pobreza gera desnutrição, doenças, baixo nível de resistência, licenças no trabalho, perda salarial (...) transformando o empregado numa pessoa marginalizada e eternamente carente.

Por outro lado, os problemas que dizem respeito aos desvios de comportamentos também são explicados em função da convivência de grande número de empregados com formação heterogênea; em suma, os desvios de comportamento seriam uma decorrência da reunião de muitos trabalhadores no mesmo local de trabalho.

Como afirma um entrevistado:

O baixo nível cultural dos empregados, por serem de uma classe sem preparo, sem educação; vivem num ambiente de marginalidade, desagregação familiar, violência, que repercutem dentro dos locais de trabalho.

Na realidade, explicações como as anteriormente citadas supõem um conceito mecânico de sociedade em que as determinações das condições objetivas dos indivíduos e grupos sociais explicam-se por si mesmas, as causas justificando os efeitos que, por sua vez, já estão contidos nas primeiras, dentro de um processo circular e autônomo. Vale dizer que a "pobreza" é aceita por si mesma como produto de um processo natural, apesar de ser caracterizada, quase sempre, como um fenômeno da "patologia social".

Assim, o homem parece ser produto de circunstâncias sem, no entanto, fazer parte de sua construção; em outros termos, as circunstâncias imediatas determinam o homem, mas não são os homens que as criam nas suas relações sociais.

A problematização dos fenômenos, realizada desta forma, parece não passar de uma aceitação da realidade social, isenta de determinações materiais e ideológicas que explicam, em última instância, a exploração e dominação exercidas por uma classe sobre outra. O fundamental, dentro de tal idealização da sociedade, "é saber manipular nosso meio em nosso proveito, o que nos dá o poder sobre o qual se pode basear nossa segurança geral" (Harré, 1967: 51. In: Faleiros, 1981: 64), o que levaria à ideologia da competência, estabelecendo-se a ligação entre saber e poder como determinantes da posição ocupada na sociedade pelos agentes. A partir disso, a empresa — detentora do poder — submete os fatos às suas idéias, requisitando o saber científico e profissional para manipular a realidade de acordo com os seus interesses.

Por outro lado, a empresa pretende se colocar acima ou fora do jogo dos conflitos sociais.

No discurso empresarial, por exemplo, não se vê uma listagem exaustiva de necessidades; elas são categorizadas como problemas sociais apenas quando tem origem, segundo o empresário, fora do âmbito da empresa, e se tornam objeto de sua atenção apenas no momento em que contrata a força de trabalho. O empregado é, pois, o portador e, no processo produtivo, o contaminador de problemas sociais.

Como afirma um dirigente:

> Quando o empregado vem para a empresa, ele traz todos os seus problemas e Isso vai aparecer na produção. Isso realmente acarreta uma série de desajustes. Então isso causa disfunção na produção.

Dentro de tal ótica, evidencia-se o fenômeno enquanto patologia ou disfunção, omitindo-se, no discurso, a manifestação de contradições da sociedade, bem como os seus resultados. Se, do ponto de vista da aparência dos fenômenos, a instituição-empresa não se sente responsável pela situação do trabalhador, o próprio papel que ela se outorga de promover o bem-estar já demonstra sua participação na reprodução das relações sociais vigentes. Todavia, este é um fato que o empresário tenta negar.

Por isso mesmo, os "problemas no trabalho", expressão que denomina os desvios de comportamento que afetam diretamente o processo de trabalho, são definidos como resultante da convivência grupal. Dessa maneira, seus indicadores são a ordem, a disciplina, o aproveitamento do tempo de trabalho útil, a adaptação ao ritmo e ao parcelamento de tarefas.

Observa-se, ainda, que, ao classificar os "problemas", a empresa prioriza alguns, tendo como parâmetro a profundidade da interferência na produção e na alteração da ordem do processo de trabalho. Com efeito, o empresário privilegia a saúde, a educação e o lazer e, em segundo plano, coloca a moradia, o transporte e a situação financeira.

Na questão dos comportamentos, ressaltam-se a inadaptação funcional (não acompanhamento de ritmos da produção com máquinas, danos no produto, quebra de máquinas, desperdício de material, não acatamento de ordens dos supervisores etc.), o absenteísmo, o relacionamento interpessoal, a desmotivação, os roubos etc., identificando-se suas causas na precariedade da relação familiar, do local de moradia, da especialização profissional e da interação social, como manifestações da pobreza.

A saúde, por exemplo, é considerada a partir do fenômeno doença, relacionada com a perda de energia física, cujo resultado é a ausência ao trabalho. Todavia, o que parece interessar à empresa, muito mais do que a assistência primária à saúde geral dos empregados, é a eficácia e controle dos tratamentos médicos individualizados.

Na verdade, "ao patrão interessa a saúde como um valor de troca que mantenha a saúde naquele nível, naquela quantidade que corresponde a um custo de conservação vantajoso em relação ao produto de consumo". (Maccaro. In: Centro Brasileiro de Estudos de Saúde, 1981: 24).

Segundo o depoimento de um empresário:

Os operários dão um valor imenso à assistência médica da empresa. O que (a empresa) ganha com isso é uma coisa espantosa. Nós tivemos alguns casos críticos. Um contramestre perdeu a mão e houve um acompanhamento muito grande do pessoal. Então o que isso trouxe para a empresa pelo acompanhamento dado foi uma coisa incrível.

Neste caso específico, a empresa não apenas controla o atendimento médico como ainda consegue que o funcionário fique grato pela sua ação médico-assistencial-controladora. O que significa que o capital apenas se interessa pelo bom nível de saúde dos empregados como forma de controlar a reprodução da força de trabalho em geral e manter um bom ritmo do processo de trabalho.

Por isso mesmo, ele não se volta apenas para a saúde do trabalhador, mas também para a de sua família.

Entretanto, na assistência à saúde, tanto lucra a empresa como a medicina privada, restando ao trabalhador o papel de objeto no processo de degradação da assistência médica. Com efeito, ele não é mais um paciente, mas uma simples mercadoria que os serviços médicos devem devolver à empresa em bom estado de funcionamento; o cliente, portanto, não é mais o trabalhador, porém a empresa. E, contudo, o empregador considera um benefício dispensado ao empregado, por este não precisar se submeter à assistência direta da Previdência oficial.

Como afirma um entrevistado:

> Temos convênio com clínicas e o funcionário não precisa ir para a fila do INPS.

Se a preocupação com as filas empresta um tom humano à forma de prestar assistência médica ao trabalhador, certamente não seria este o motivo real da previdência privada. Embora sem aprofundar a questão, podemos ver que, no mínimo, a empresa lucra ao fazer uso da assistência médica privada. A eficiência, fundamento da filosofia empresarial, está presente quando o funcionário não dispende tempo de trabalho para ir ao médico ou acompanhar sua família, além do controle sobre o trabalhador exercido através das clínicas privadas.

Afinal, os profissionais da previdência oficial vendem sua força de trabalho ao Estado, o que lhes possibilita uma certa autonomia em relação à empresa privada.

Por outro lado, a educação vem sendo amplamente referida no discurso empresarial, sob conotações distintas. Ora significa baixo nível de escolaridade, ora educação profissionalizante, ora educação de "base" — os hábitos de higiene, o controle do orçamento doméstico, sexualidade, controle de natalidade etc.

Para um empresário:

> Nosso operário é geralmente humilde em todos os aspectos. É de baixa escolaridade, é dependente e incapaz de tomar uma atitude sozinho.

Ou ainda, segundo outro depoimento:

> Aqui é problema de doença venérea, falta de conhecimento de como cuidar do filho (...) mas o principal problema é a falta de cuidado com o corpo (...) não sabem se cuidar.

Por que, na verdade, o empresário se preocupa com o corpo e com o espírito do trabalhador?

Em termos gerais, segundo Gramsci,

> até agora, todas as mudanças do modo de ser e de viver deram-se por coerção brutal, isto é, através do domínio de um grupo sobre todas as forças produtivas da sociedade: a seleção ou educação do homem, adaptadas aos novos tipos de civilização, isto é, às novas formas de produção e de trabalho, deu-se com o uso de brutalidade inaudita, lançando no inferno das subclasses os fracos e os refratários ou eliminando-os totalmente. (Gramsci, 1978a: 329)

No caso específico, a brutalidade social, de que fala Gramsci, se exerce pela determinação, por parte da empresa, de um padrão médio de educação e de saúde sem o qual o trabalhador não pode se habilitar no mercado de trabalho e, por conseqüência, se vê privado de sua subsistência. O padrão de educação, de valores sociais, existenciais e de saúde, portanto, não é construído pelo trabalhador, individualmente ou como classe social, mas lhe é imposto pela classe dominante para servir aos interesses da acumulação e reprodução do capital.

Assim, Gramsci descobre que, para o patrão controlar a energia física do trabalhador (isto é, a força de trabalho), é necessário fazer com que o empregado conserve, fora do ambiente de trabalho, "o equilíbrio psicofísico que impeça o colapso fisiológico do trabalhador, esmagado pelo novo método de produção". (Gramsci, 1978a: 329). Vale dizer que, além do processo de trabalho que se verifica no interior da empresa, o capital controla também a vida externa e, portanto, privada do trabalhador, em função de sua necessidade técnica de ver renovada a energia gasta no próprio processo de trabalho.

Por isso, nada melhor do que a seleção ou educação do homem, adaptado aos novos tipos de civilização, isto é, às novas formas de produção e de trabalho de que fala Gramsci.

O prejuízo da empresa é, por exemplo, evidente no caso do analfabetismo, como expõe um dirigente:

> O nível de instrução é baixíssimo. Nós inclusive temos dificuldades por conta disso. Já pensamos em exigir como requisito o nível de escolaridade. Principalmente por causa do preenchimento de relatórios, controle de produção, fichas, leitura de aviso. Os treinamentos também são prejudicados. Por isso, temos aqui na empresa curso supletivo de 1° grau, curso de alfabetização em ação Integrada com SESI e SESC, para freqüentarem após o horário de trabalho.

É patente que a educação, aqui, é considerada na medida exata das distorções que causa ao sistema produtivo. E, mais, ela é uma necessidade que a empresa absorve exclusivamente pelo aspecto facilitador da produção da mais-valia, quando, por exemplo, a alfabetização permite ao empregado operar a máquina e fazer relatórios ou ler instruções. Para isso, portanto, é que ele precisa saber ler o alfabeto do capital!

A educação doméstica, ou de base, orientada pela empresa, refere-se, em geral, ao não endividamento financeiro, à desorganização, ao cheiro de suor, e aos "maus hábitos" sociais.

Pitorescamente, um dirigente assim coloca o problema:

> Na produção, no período de tarde, o suor do elemento é demasiado e o cheiro insuportável. Ele (o operário) trabalha com uma mesma rou-

pa mais de dois dias seguidos, fica cheirando a azedo por causa do suor (...) o elemento cospe no bebedouro, deixa o sanitário no pior estado. E falta de educação de berço.

A empresa, no entanto, quer a ordem, a disciplina e tudo isso como bons modos. Cobra um comportamento, partindo do pressuposto de que, na sociedade, os hábitos e os valores são "operariados", isto é, aqueles necessários à boa ordem da produção capitalista.

Para Gramsci,

a história do industrialismo sempre foi uma contínua luta contra o elemento animalidade do homem, um processo ininterrupto, muitas vezes doloroso e sangrento, de subjulgamento dos instintos (naturais, isto é, animalescos e primitivos) e de sempre novas, mala complexas e rígidas normas e hábitos de ordem, de exatidão, de precisão, que tornem possíveis as formas, sempre cada vez mais complexas, de vida coletiva, que são a conseqüência necessária do desenvolvimento do industrialismo. (Gramsci, 1978a: 329)

Em suma, os maus hábitos não são maus em si mesmos, mas somente enquanto entravam a produção; ditados por ela a para ela, nada mais significam do que a imposição ideológica de uma classe sobre a outra.

O controle sobre a vida externa do trabalhador, contudo, além de educação e saúde, se estende ao próprio lazer que, segundo observamos, é uma tônica na assistência da totalidade das empresas pesquisadas. Entendido como atividades orientadas durante o tempo livre do trabalhador, o lazer, seja o esporte, a recreação ou as atividades culturais, é incentivado junto ao operário e sua família.

Para um dirigente:

O lazer é uma necessidade básica. Numa proporção direta á quantidade de servidores, quanto mais lazer você tiver, bem programado, funcionando como válvula de escape (...) vai ter,o pessoal mais desenergizado na semana. Na medida que se promovem torneio, cursos (...) que o empregado leva a família para o nosso Centro, ele descarregue as tensões e volta mais disposto. Então aí é que vem o que chamamos de retorno.

O FEITIÇO DA AJUDA

Deste modo, o capital cria e manipula a necessidade do lazer em detrimento da liberdade de utilização do tempo livre do trabalhador. Já não basta o local de trabalho; o controle da empresa vai avançando de forma a nada ficar fora dos seus olhos vigilantes. E isso com racionalidade e técnica.

Friedman coloca o problema do lazer em relação ao trabalho na sociedade industrial, afirmando que a insatisfação com o trabalho parcelado, rotineiro e repetitivo, vem assumindo proporções significativas no que se refere à utilização do tempo livre. Em alguns, diz aquele Autor, a insatisfação "suscita um estado mais ou menos acentuado de depressão, uma tensão nervosa permanente. Em outros, encoraja, no comportamento fora do trabalho, tendências agressivas, uma necessidade desordenada de afirmação do eu que se manifesta por sinais de excentricidade nos lazeres", como, por exemplo, uso de bebidas alcoólicas, jogos de azar etc. (Friedman, 1972: 164).

Em outros termos, o lazer se torna um mecanismo para restabelecer o "equilíbrio psicofísico" de que falava Gramsci, bem como expressa a necessidade de bem direcionar "moralmente" o tempo fora do trabalho.

Por outro lado, os problemas no trabalho possuem um tratamento distinto dos chamados "problemas sociais". Aqueles são abordados de forma "técnica", sendo objeto de "políticas de administração de pessoal". Possuem, no seu manejo, um componente de repressão quando são caracterizados como comportamentos indisciplinados, passíveis de sanções. São também objeto de formulação de critérios de julgamento ao absorver um componente "moral" nas avaliações de desempenho, a saber, o bom empregado, o péssimo, o irresponsável. É mesmo comum, enquanto estratégia de intervenção, a empresa se utilizar de técnicas de envolvimento como gerência participativa, grupos de controle de qualidade, treinamento de lideranças etc. Ou, ainda, de estratégias para acirrar a competição, como prêmios de produtividade, promoções etc.

Um empresário afirma:

> Nosso principal problema é a falta ao trabalho por causa dos nossos horários. Isso gera insatisfação e aí é preciso conscientizá-los da necessidade (...) tem também a questão da adaptação aos setores. E preciso mostrar a eles que a fábrica trabalha, que depende deles e ele

depende da fábrica para receber o salário (...) temos que fazer um trabalho em cima dele. Apesar de que nós temos uma seleção rígida para evitar isso, mas sempre acontece.

Nas faltas, nos conflitos, na inadaptação, a empresa atua com duas armas. De um lado, como mostra a declaração anterior, ela impõe rigor nas técnicas e critérios de admissão do empregado. De outro, ela envolve o funcionário num discurso de dependência mútua, tentando difundir a idéia de "condições de igualdade" na comercialização do trabalho.

Assim, como vínhamos afirmando, o trabalhador, ao submeter sua força de trabalho ao capital, subordina também seu próprio destino individual e coletivo, ao ter convertidas como suas as necessidades e aspirações criadas pela empresa.

Desse modo, o trabalhador torna-se vulnerável às exigências do capital, que embora temporária e historicamente imponha suas condições, nem por isso exerce um domínio incontestável, isento de contradições que resultam num processo de luta de classes. Na medida em que o processo de exploração do trabalho alheio cria as condições básicas para a valorização do capital, gera também situações crescentes de pauperização dos trabalhadores, que se manifestam nos (assim chamados pela empresa) "problemas do trabalhador" ou "problemas sociais". Assumindo-os como obstáculos à produção, mesmo não se sentindo responsável pelos segundos, a empresa cria políticas assistenciais, quando não privatiza os programas das instituições públicas, tentando manter em equilíbrio a relação empregado-empregador.

Justamente para executar tais políticas, a empresa requisita o assistente social.

Pelo exposto, é necessário distinguir aspectos políticos e técnicos na requisição do Serviço Social pela empresa, aspectos que devem ser entendidos como elementos presentes no processo de legitimação da prática, e do qual a empresa participa quando, ao criar necessidades, reconhece uma utilidade da profissão para o seu atendimento.

A priori, portanto, pode-se afirmar que a empresa solicita a ação profissional por entender que o assistente social é um elemento capacitado para atuar nos setores de Recursos Humanos, desenvolvendo atividades de caráter "educativo" junto aos empregados, mediante prestação de serviços sociais.

Entretanto, à questão técnica se deve juntar outra, de cunho político, ou seja: subjacentes à especificidade de qualquer ação, sempre existem finalidades subordinadas a interesses materiais, políticos e ideológicos de classe de quem a patrocina.

Com efeito, o discurso do empresariado evidencia, sem dúvida, como justificativa unívoca para a ação do assistente social na empresa a mediação de interesses do empregador e do empregado, com a finalidade de evitar interferências prejudiciais no processo produtivo, embora as razões apresentadas para contratação de assistentes sociais sejam revestidas de várias formas.

Assim, ao justificar a presença do assistente social na instituição, o empresariado se refere ora ao objetivo da empresa, ora à problemática dos empregados, ora às formas de intervenção da profissão. Para isso, define a especialidade do assistente social, indicando o seu lugar na empresa e portanto determinando, *a priori*, o objeto da ação profissional.

Sob qualquer forma, no entanto, com que se acoberte a requisição empresarial, os objetivos, a problemática e as formas de intervenção não deixam de residir, em última instância, na necessidade de manutenção e de reprodução material e espiritual da força de trabalho.

A especialidade profissional, segundo o discurso das empresas, estaria, então, centrada na forma técnica de administrar benefícios sociais. O assistente social entra na empresa para substituir o trabalho improvisado, empírico e desarticulado, realizado por funcionários administrativos ou para modernizar o gerenciamento de carências sociais do trabalhador, compondo as equipes técnicas de recursos humanos.

Segundo um assistente social entrevistado:

> Quem fazia esse serviço que eu faço hoje eram as esposas e parentes dos gerentes (...) mas com o aumento de funcionários elas não deram conta dos problemas e teria que ter alguém para distribuir esses benefícios de forma equilibrada, mais eqüitativa, estudando cada caso e vendo quem precisa mais. Agora, cada benefício tem seus critérios

(...) doação de leite em pó só para funcionário homem, botas ortopédicas só para filho de funcionários legalmente casados (...).

É notório que a questão da eficiência técnica tem menos relação com uma possível melhoria na prestação do serviço para o trabalhador do que com a necessidade de maximizar a assistência, dentro dos limites estabelecidos pela empresa. Veja-se que, na declaração anterior, por exemplo, o aumento de funcionários implicou a formulação de critérios seletivos (elementos de qualificação) para atender um quadro de pessoal em expansão com aparentemente a mesma quantidade relativa de recursos.

No discurso empresarial, se infere também a necessidade de substituir a filantropia, ou mera expressão amadorística da ajuda, por um "conhecimento especializado" sobre as necessidades da boa ordem da produção, cuja tônica seria a luta contra o "paternalismo", substituindo-se pieguismo por racionalidade técnica na gerência dos problemas do pessoal.

Segundo um dirigente:

> É preciso mudar a mentalidade do pessoal. Essa cultura patriarcal — as concessões, os hábitos. O sistema empresarial nordestino é paternalista. Um sistema de concessões em função do parentesco e de hierarquia (...) exercido não em função do conhecimento técnico, mas de fidelidade e amizade. O Serviço Social é chamado para atender os empregados profissionalmente e sem concessões, como uma conseqüência da empresa moderna. Numa empresa com Serviço Social, ela (a assistente social), quando surge um problema, ela vai pesquisar a real necessidade e verificar até que ponto isso atinge a produção do empregado, e contornar, dando as ferramentas ao empregado. O assistente social faz a diferença entre empregado no sentido profissional e filho adotado pela empresa.

Por outro lado, além da eficiência técnica, o empresário moderno parece se engajar, também, na teoria da participação segundo a qual a doação por si mesma não "promove" o homem, sendo necessário que o indivíduo participe ativamente na solução dos seus problemas. (Cf. Aguiar, 1982: 131-7.) O técnico deve apenas fornecer as ferramentas, na expressão do dirigente citado, embora haja negado ao beneficiário participar das decisões; em outro termos, e na verdade, o trabalhador não escolhe propriamente a solução — que depende do poder decisório da empresa —, mas apenas discute e assume alternativas de solução que mais convém aos interesses e finalidades da empresa. Tal "filosofia participativa", na verdade, nada mais faz do que exigir do trabalhador uma real e voluntária colaboração para os fins da empresa, consubstanciados no bom andamento do processo produtivo, processo que implica, simplesmente, numa mudança de atitude e não de situação.[5]

Contudo, a empresa pretende um pouco mais dentro da mesma filosofia, isto é, é necessário que a participação implique, também, na contrapartida pela assistência, por parte do trabalhador, estabelecendo um laço ideológico de adesão ao projeto empresarial.

Como afirma um empresário:

> Tudo que a gente oferece ao indivíduo sem contrapartida o indivíduo não valoriza. Se eu exijo, se eu condiciono, se levo as pessoas a participarem, a dar uma contribuição, então nós estamos ajudando, porque estamos fazendo o indivíduo assumir seu problema. Caso contrário, se cai no paternalismo, oferecendo tudo sem a colaboração dele, de graça.

Pelo exposto, apreende-se que o trabalhador deve participar dos custos da ajuda, como forma de valorizá-la. Aqui, tenta-se negar a acomodação e enfatiza-se a "promoção social", entendida como a criação de condições para os indivíduos assumirem seus papéis. Numa linguagem coloquial, é preciso ensinar a pessoa a pescar, em lugar de dar o peixe, mesmo que o trabalhador não queira pescar nem esteja precisando do peixe! (Cf. Aguiar, 1982: 132).

A filosofia da "promoção social", na realidade, baseia-se no falso pressuposto da igualdade de oportunidades para os indivíduos e supõe que, abolido o "comportamento acomodado", todos os problemas podem ser resolvidos.

É preciso notar, no entanto, como já vimos, que as necessidades e problemas atribuídos ao trabalhador não passam, rigorosamente, de necessidades da empresa repassadas por ela para seus empregados.

---

5. "Es una concepción restrictiva de la participación, porque mantiene intatas las estruturas de decisión (...)." (Ander-Egg, 1974: 187. *Apud* Aguiar, 1982: 137)

Assim, quando um empresário afirma que "a empresa tem a preocupação de fornecer benefícios ao empregado rigorosamente nas suas necessidades (dele, trabalhador)", na verdade, ele está pensando muito mais na necessidade de ter a empresa uma força de trabalho que sirva adequadamente aos seus propósitos. Vale dizer que as "necessidades do trabalhador" que interessam ao empresário são apenas e tão-somente aquelas que interferem no processo produtivo e, por isso mesmo, são necessidades da empresa que, sem o requerido atendimento, deixa de realizar sua finalidade.

Entretanto, no discurso empresarial, as necessidades são identificadas como carências individuais e/ou circunstâncias do trabalhador e, por isso, restritas a situações que precisam de rigor de análise para não assumirem caráter normativo, geral, isto é, não se legitimarem juridicamente nas condições do contrato de compra da força de trabalho.

Em tal sentido, o Serviço Social intervém na medida em que estabelece critérios e faz rigorosa triagem das situações de carência, tendo como parâmetro a disponibilidade de atendimento da empresa; em conseqüência, serão os conhecimentos sobre carência e os objetivos do seu suprimento que pautarão qualitativa e quantitativamente a assistência prestada.

Para isso, o Serviço Social deve construir práticas passíveis de satisfazer às exigências da empresa e firmar seu lugar na divisão técnica do trabalho.

Como afirma um dirigente:

> O assistente social trata de tudo, resolve problemas para toda a empresa (...) Solicitei uma assistente social porque perdia-se um bocado de tempo para atender familiares, visitar funcionários, tomar providências para isso e para aquilo (...) era uma situação desorganizada. O assistente social tem conhecimentos específicos sobre como ajudar o empregado, criando até outras atividades que nós não tínhamos.

A especialidade de cuidar de problemas gerais dos empregados é uma constante na referência à ação dos assistentes sociais na empresa, exceto, evidentemente, quando se trata de questões salariais, de demissões, de negociações sindicais, estes caracterizados como "problemas da empresa" e não como "problemas de pessoal" e, como tal, portanto, fora da competência daquele profissional.

Com efeito, a empresa divide a realidade em dois níveis distintos, o social e o econômico, exatamente para elidir a relação entre necessidade do processo de trabalho e geração de lucros. Para dificultar, pois, a percepção da totalidade da empresa e da relação entre exploração da força de trabalho e produção de mais-valia, separam-se, mecânica e burocraticamente, atividades, pessoas e áreas de competência.

Como afirma um empresário:

> O trabalho do assistente social é quase uma catequese. Ele tem conhecimentos específicos sobre problemas sociais como desequilíbrio financeiro, alcoolismo, desajuste na família (...) Eles (os operários) são da classe social mais baixa. Então, o Serviço Social é importante quando surge problemas e elas (as assistentes sociais) dão aquele apoio fundamental.

E mais ainda:

> O assistente social serve de elo de ligação entre a empresa e o empregado. Vê as necessidades do pessoal e dá subsídios à empresa sobre o que ela precisa fazer para ter o homem satisfeito.

Na verdade, o pressuposto da mediação consiste na neutralidade técnica do profissional, dentro de um contexto conceitual que ignora os antagonismos de classes. Por isso mesmo, a tarefa deve ser desempenhada sem gerar conflitos, caracterizando-se o assistente social como o arauto da paz entre empresa e empregado.

No depoimento de um empresário:

> A finalidade do assistente social na empresa é apaziguar, nunca incentivar conflitos. E amortecer e não confirmar um conflito. Se ela através de sua atitude, através de sua prática, demonstra que está do lado de um (empregado) ou de outro (empresa), ela vai perder o crédito. Ela deve tomar sempre uma posição eqüidistante dos problemas. Caso contrário vai prejudicar sua imagem profissional.

Por outro lado, a empresa exige fidelidade ideológica do assistente social quando lhe entrega a administração dos benefícios sociais e permite que tenha contatos diretos e constantes com o empregado. Por autoconvencimento ou por imposição da empresa, o assistente social deve manter um comportamento de neutralidade.

Neste sentido, o profissional recebe e, via de regra, assume um mandato institucional de agente conciliador e apaziguador de conflitos de interesses entre empresa e empregados.

Como demonstram os depoimentos a seguir, os dirigentes de empresa, principalmente aqueles que lidam com Departamentos de Recursos Humanos, depositam na tarefa de conciliar o inconciliável o foco da ação do assistente social, ressaltando para tanto as habilidades do profissional e a metodologia da intervenção.

Assim, descrevem a intervenção:

> Quando um determinado funcionário quer questionar a empresa, ele (assistente social) serve como intermediário; ele quebra as arestas.

Ou então:

> A maior contribuição do Serviço Social é junto à direção, ajudando-a a tomar decisões (...) ele (assistente social) conversa com o empregado, localiza o problema dele e dá à administração um laudo, um relatório sobre a situação do homem, o que deve ser feito (...) as implicações para o trabalho e as medidas que devem ser tomadas.

Ou ainda:

> Nós temos com as operárias um problema de absenteísmo muito grande. Ela feita, chega atrasada, e nestes casos o Serviço Social nos dá uma grande ajuda. A gente encaminha para o Serviço Social e ele pesquisa junto aos médicos a questão da doença, quando é essa a razão da falta, ou vai à casa do empregado, se for alegado problema familiar, para verificar o que está acontecendo, e transmite a informação.

Se, nestes últimos depoimentos, a ênfase recai nos meios para alcançar o objetivo de controlar comportamentos do trabalhador, tais como as habilidades dialogais ou a capacidade de ouvir e orientar, em outras falas os dirigentes acrescentam o objetivo de "operariar" o empregado mediante execução de atividades educativas que se assentam na veiculação de informações e de valores éticos normativos.

Assim, descrevem a intervenção:

> O maior trabalho, vamos dizer assim, é o trabalho preventivo, onde ele (assistente social) faz palestras sobre o tipo de economia que eles (operários) devem fazer de acordo com o salário que ganham. Também sobre higiene feminina, relacionamento conjugal, natalidade etc.

Todavia, para além do controle ou da difusão de valores, a empresa é contundente ao dizer que o assistente social é necessário à instituição na medida em que é o "ouvinte" da catarse do empregado carente, sobretudo quando despolitiza a problematização do trabalhador acerca das suas condições de vida e de trabalho, metamorfoseando-a num desabafo momentâneo, emocional e individual. Como descreve um empresário:

> O principal para o empregado é ser ouvido. Eles acham muito Importante chegar ali e ter uma pessoa para atendê-lo, ouvi-lo, para desabafar, embora muitas vezes não chegue a resolver o problema dele, mas ele está satisfeito, porque foi ouvido.

Neste contexto de descrição da intervenção do profissional, o que se percebe, pelo menos em tese, é que o empresário obtém a cumplicidade do Serviço Social para afirmar sua dominação, o que é feito quando este fornece informações acerca da vida do empregado ou dilui a problematização que o trabalhador faz da sua realidade. Isso permite à empresa manter viva a força de trabalho, reproduzindo-a material e espiritualmente e assegurando, também, a disciplina necessária ao processo de trabalho.

Neste sentido, as exigências institucionais são respondidas de forma a consolidar uma identidade de objetivos entre a empresa e a profissão.

Tal fato nos mostra que o ideário profissional assume o próprio projeto empresarial, ao desconsiderar os trabalhadores enquanto classe e, conseqüentemente, suas expressões de negação da exploração, o que auxilia o capital na atualização de suas formas de manipulação da desigualdade. Nesse sentido, o assistente social não passaria de um agente intelectual em sua vinculação orgânica com a classe dominante. (Cf. Carvalho, 1983: 78-86).

Entretanto, apesar das expectativas da empresa, ou mesmo de um Serviço Social que desconhece a participação da classe trabalhadora na requisição dos seus serviços, o trabalhador, ao vender sua força de trabalho, introduz no ambiente empresarial — do qual, aliás, faz parte, ao compor a relação contraditória entre capital e trabalho — as expressões de suas condições objetivas de vida, tanto em forma de carências como nas manifestações de sua consciência social, que corporifica, também, o nível de sua participação como requisitante do Serviço Social.

Por isso mesmo, gerado no interior de uma relação contraditória, o Serviço Social, como produto da determinação de uma prática, apresenta-se igualmente contraditório. E, ainda que se reconheça que a empresa, como elemento ativo nos pactos de dominação, é requisitante institucional do Serviço Social, não se pode desconhecer que sua requisição somente existe porque ela precisa abolir os entraves à produtividade gerados pelos "problemas sociais" do trabalhador.

Além disso, a estratégia assistencial da empresa é fruto da pressão, consciente ou situacional, dos trabalhadores gerada, principalmente, pela insuficiência do salário que nem sequer chega a suprir satisfatoriamente as necessidades de subsistência. A partir de tal situação, o trabalhador internaliza no processo de trabalho os chamados "problemas sociais" que afetam a produção. Em última análise, portanto, a requisição do Serviço Social na empresa está diretamente vinculada a um déficit entre a remuneração recebida e o custo de reposição da força de trabalho gasta.

Contudo, se a empresa problematiza as necessidades do trabalhador em proveito próprio, o trabalhador pode igualmente fazê-lo, não somente desnudando as razões da exploração, como também, a partir disso, criando as bases políticas para a construção de uma ideologia que se contraponha ao capital. Em tal contexto, as forças sociais hegemônicas, representadas pela empresa, tentam negar tal possibilidade valendo-se, inclusive do apoio e/ou da adesão de alguns intelectuais que, ao desconhecerem e/ou se contraporem ao potencial negador do trabalhador, afirmam as condições da dominação.

Capítulo II
Estratégias de respostas do Serviço Social

Posto que as profissões se criam como especializações do trabalho coletivo para atender necessidades, é de se aceitar que, ao ingressar no reino das especializações, o Serviço Social não foge àquela determinação.

O Serviço Social surge num contexto de administração de carências materiais, sendo legitimado pelo capital na qualidade de principal requisitante institucional.

A história da profissão parece demonstrar que sua ação se tem construído tendo em vista a constatação de "problemas sociais" face à atuação de políticas sociais do Estado e/ou de instituições particulares, por quem é, em geral, chamado a intervir. (Ver Iamamoto e Carvalho, 1982, Parte II). Possui, portanto, uma clientela composta de indivíduos considerados "problemáticos", dentro dos mais diversos contextos sociais.

Na empresa, a prática do Serviço Social não escapa a essa generalização. Nela, a despeito de algumas singularidades, o Serviço Social também é assumido como um instrumento de intervenção nos "problemas sociais", entendidos como situações de carências do trabalhador que interferem na produtividade da força de trabalho.[1]

---

1. É pertinente reafirmar que uma das singularidades da empresa, enquanto âmbito de ação da profissão, reside no fato de a mesma não ser uma instituição que tem

Deste modo, assumindo uma função técnica específica no interior das empresas — mediar soluções de carências e conflitos dos trabalhadores — os assistentes sociais são considerados profissionais da área de recursos humanos. Esta área, segundo entendemos, tem sua razão de ser consolidada no gerenciamento "científico" da força de trabalho mediante um padrão de eficiência. (Cf. Friedmann, 1972: 125) Por isso mesmo, o exercício dessa função técnica, cuja especialidade é criar condições favoráveis ao desenvolvimento do processo de trabalho, tem-se afirmado no pressuposto político da convivência pacífica entre empregados e empregadores, como uma condição necessária ao desenvolvimento do processo de trabalho, gerenciado pela empresa.

Por esta razão, aspectos políticos e técnicos, intimamente relacionados, estarão presentes tanto no conjunto das ações do assistente social como na elaboração de suas referências teórico-práticas, emergentes do próprio desenvolvimento da prática profissional na empresa, cujo destino não é apolítico nem anistórico.

Em conseqüência, é possível admitir que, ao ingressar nas empresas, os assistentes sociais, via de regra, se deparam com o encargo de ratificar sua utilidade na solução de "problemas sociais", mediante construção de uma identidade de intenções profissionais e empresariais.

Esta identidade aponta, portanto, para a existência de um projeto social, dentro do qual se inscreve a requisição da profissão, e exige que, diante dos diversos fenômenos que a empresa elege como passíveis de intervenção, o Serviço Social se articule e construa estratégias de ação para atendê-los considerando, antes de tudo, as especificidades do requisitante institucional.

Nesta ótica, pode-se, então, inferir que a ação do Serviço Social nas empresas é polarizada entre a convivência objetiva com as condições de vida e trabalho do empregado e as prerrogativas da entidade. Ao mesmo tempo que tem na tarefa de suprir carências um retrato da condição do trabalhador, tem, nas políticas da empresa, um retrato do que as carências significam para a produção.

---

como atividade-fim a prestação de serviços sociais. De outra forma, se pode também destacar a *explícita* relação entre problemas sociais e produtividade da força de trabalho, o que é atípico em comparação com o discurso das demais instituições.

No presente trabalho, admitimos que as requisições da empresa corporificam os determinantes históricos do agir profissional. Contudo, entendemos que estes determinantes não têm o poder de dar homogeneidade ao discurso dos assistentes sociais. Percebe-se, sem dúvida, um relativo consenso quanto à identificação de fenômenos objeto da ação, embora não ocorra o mesmo quanto à explicação destes. Por isso mesmo, ora é clara e explícita a identidade do assistente social com o patronato, ora tenta-se negá-la.

Os elementos de consenso se expressam no reconhecimento por parte dos assistentes sociais entrevistados de que a empresa é uma unidade de produção que objetiva lucros. Para isso, dizem que a empresa precisa ter um contingente de empregados sadios, dispostos e produzindo bem. Argumentam, também, de forma geral, que, diante do baixo nível de vida do trabalhador, a empresa necessita dar alguma ajuda extra-salário ao empregado para que este consiga acompanhar os padrões requeridos pela produção. Dizem ainda que a empresa, ao comprar a força de trabalho, é obrigada a arcar com as conseqüências das baixas condições de vida do empregado, sendo impelida a supri-las e contorná-las, quer seja sob o aspecto material, quer seja face às manifestações de comportamentos indesejáveis à produção, como uma condição para seu funcionamento. E informam, finalmente, que esta tarefa não é uma especialidade técnica dos dirigentes da empresa. Ao contrário, para assumi-la, é preciso contratar técnicos que o façam, a saber, os assistentes sociais.

Por isso mesmo, parece-nos que os assistentes sociais consideram que a articulação da profissão é plasmada nesta requisição, entendida como uma "condição", cujas repercussões se farão notar tanto na problematização feita acerca do espaço de prática como nas formas objetivas de intervenção.

Esclarecemos, pois, que, enquanto a problematização retrata a justificativa dos agentes acerca da sua inserção na empresa, a intervenção é percebida na descrição das propostas de ação, ao sugerir objetivos e estratégias, consolidando a formação de um produto. Por tal razão, os assistentes sociais tanto conceituam a relação capital e trabalho mediante sua representação institucional, empregado-empresa, como apontam as origens e natureza dos "problemas sociais", dizendo por que a empresa os administra e qual a participação do Serviço Social.

A justificativa da inserção do Serviço Social é discutida pelos profissionais a partir das funções da empresa capitalista e da significação dos problemas sociais do trabalhador na obstaculização/facilitação da produção. Percebe-se que a relação entre a função da empresa e a interferência dos "problemas sociais" é fundamentada no conceito de empresa enquanto uma unidade de produção que objetiva lucros mediante o emprego de capital e coordenação do processo de trabalho. Tratados como indissolúveis, o capital e o trabalho são apresentados como categorias que estão em relação.

Assim, na definição de uma profissional entrevistada:

> Não existe a empresa, existe um binômio inseparável empregado-empregador. Um não existe sem o outro.

Essa relação se apresenta, na maioria dos depoimentos dos assistentes sociais, como de natureza complementar, representada na convivência do empregador e dos empregados em função do que cada um necessita para satisfazer suas necessidades. Tais necessidades são, em tese, a compra da força de trabalho e o salário.

Para falar da empresa, os assistentes sociais concentram as suas observações, alternativamente, em duas ordens principais de significação. De um lado, qualificam a empresa pela sua função técnica, destacando as características do processo de trabalho e a necessidade de manutenção e reprodução da força de trabalho, para esclarecer sobre a necessidade de serem evitados obstáculos à produção e, conseqüentemente, aos lucros. De outro lado, apesar de se referirem à empresa como um requisitante da sua prática, destacando-a, inclusive, como seu empregador, os assistentes sociais privilegiam os objetivos sociais da empresa, isto é, a prestação de serviços sociais ao trabalhador. E, sejam adeptos da primeira ou da segunda postura, ressaltam o caráter lucrativo das empresas como uma particularidade daquela instituição.

Contudo, parece que o assistente social, um profissional reconhecido historicamente pelas funções de "um agente voltado para a ajuda aos demais, a serviço do povo, do oprimido" (Iamamoto e Carvalho, 1982: 85), custa a aceitar que o mitológico "fim beneficente" das instituições, onde tradicionalmente trabalha, seja substituído por fins lucrativos.

Dessa forma, para a maioria dos profissionais entrevistados, apesar de ser referido como uma característica da empresa, o lucro tem apenas um caráter contingente. Por isso mesmo, dizem, como no depoimento abaixo, que, apesar do lucro, a empresa tem uma função social:

> O objetivo é exatamente ter o lucro, mas ela (empresa) dá inclusive um desenvolvimento, principalmente no Nordeste, quando cria maiores possibilidades de emprego.

Podemos perceber que a origem dos lucros não está em discussão nem tampouco o preço que paga a região ao ingressar num processo de industrialização à custa da fixação de empresas sulistas e multinacionais no Nordeste, via incentivos do Estado. Contudo, se o fato histórico, identificado na industrialização do Nordeste, cria novos empregos e "desenvolve" a região, é ainda preciso destacar de que tipo de desenvolvimento o assistente social fala.[2]

Ainda que não se discuta a questão com a atenção que ela merece, pode-se observar que o pressuposto da afirmação do assistente social consiste em colocar a criação de empregos urbanos como um indicador do desenvolvimento da região. Além disso, parece que as empresas vieram do Sul ou do exterior para o Nordeste apenas para "colaborar" com a chamada integração da região (Oliveira, 1978: 128). Poderíamos dizer que a visão dos assistentes sociais, no que se refere às justificativas da implantação de empresas no Recife, evidencia não somente desprezo pelo componente histórico, como também um desconhecimento dos determinantes da realidade social e econômica do país e da região. Sobre o assunto, refere-se um entrevistado:

> Antes de a empresa vir para cá, a malha saía daqui, ia para o Sul, era tratada, cortada e voltava para ser confeccionada. Acho que a matriz não estava dando conta do mercado e (...) por causa da isenção de impostos e da mão-de-obra mais barata ela se instalou aqui no Nordeste.

---

2. É pertinente observar que a questão da "criação de empregos" camufla intenções políticas no que tange à inserção do Nordeste no processo de acumulação do capital industrial. (Cf. Oliveira, 1978, cap. VI: 99-124)

Muito embora o assistente social desconheça que as empresas multinacionais e sulistas aqui implantadas representam "uma função importantíssima no processo global de acumulação e reprodução do capital a nível nacional" (Perruci e Bernardes, 1979: 20), os entrevistados apontam para fatos objetivos como as "facilidades" da política de industrialização e da disponibilidade da mão-de-obra.

Por outro lado, o aspecto político que envolve a industrialização no Nordeste não A, tampouco, referido no discurso dos profissionais. Os assistentes sociais se reportam menos à questão estrutural e mais às situações que envolvem diretamente sua ação. Por isso, falam de problemas do empregado nordestino, dizendo que não dependem da empresa, identificando-os como "anteriores a ela". E, portanto, o estigma da "marginalidade" do nordestino, identificado na pobreza, na apatia e nas carências, o dado de realidade que permeia a fala dos assistentes sociais, como, por exemplo, na observação que segue:

> Os problemas dos empregados já vêm de trás, vêm da comunidade, do nível de vida deles.

Ou, ainda, quando se descreve a carência do operário e, já assumindo a ideologia do nordestino pobre, afirma-se:

> É o homem nordestino. Subnutrido, ignorante, sem casa, sem transporte, sem escola para os filhos (...).

A questão é reforçada, ainda mais, na medida em que, em algumas fábricas, o assistente social convive com os operários vindos do Sul, a partir do que se fazem comparações como as transcritas abaixo:

> A gente tem vários funcionários que vieram de São Paulo (...) é impressionante como o nosso tem muito menos condições e não entende, não conhece os direitos dele e, por não conhecer, ele não reivindica.
>
> O pessoal de São Paulo conhece e reivindica mesmo. Se você não se preparar, tranqüilamente que vai sobrar com eles... Então, o operário nordestino reivindica menos, e também pelo próprio tipo, a característica do nordestino em si. Ele é humilde, ele é simples, ele tem receio de chegar e colocar as coisas dele. O sulista, ele diz abertamente a você a coisa. O nosso tem medo de magoar, de receber represália, ele

O FEITIÇO DA AJUDA

se coloca menos (...) o pessoal daqui é o inverso do paulista, é excelente para trabalhar, dizem os supervisores que vieram implantar a fábrica, são obedientes e muito dispostos.

Dentro de tal contexto, parece que a apatia e o medo do operário nordestino são gratuitos e apenas uma assistente social faz referências aos movimentos operários e suas seqüelas repressivas, como se vê abaixo:

> Isso aqui foi considerado um foco na revolução. Em 64 isso estourava. O foco de Jaboatão era essa oficina, porque naquela época tinha mais de 2.000 homens. Essa turma arrefeceu pela repressão. Hoje, vivem mais do saudosismo que de qualquer tipo de organização política. Entende-se, não é?

Tal discurso, segundo entendemos, é indicador da própria ótica de análise dos assistentes sociais no que tange à identificação dos determinantes da sua prática nas empresas. Salvo engano, elas pecam por omitir uma relação entre os aspectos estruturais e conjunturais, que permeia a requisição dos seus serviços,[3] "principalmente numa região periférica em que somente nos dias atuais se iniciou um processo moderno da industrialização dentro do movimento geral da expansão capitalista proveniente do Sudeste que marcou o país dos anos 50". (Perruci, 1978: XII e XIII).

Assim, omitem o nexo existente entre a expansão do capital nacional e a implantação e criação de empresas, bem como a disponibilidade e reserva de força de trabalha, que têm no Estado o principal incentivador.

É pertinente, portanto, afirmar que, via de regra, no discurso dos assistentes sociais entrevistados, o lucro não é o foco da discussão nem tampouco a questão da empresa no Nordeste. Para os profissionais, é a pobreza, principalmente enquanto fenômeno "nordestino", que aparece como destaque em suas preocupações.

---

3. Como coloca Carmen Moraes, "uma análise concreta de uma dada situação histórica deve sempre atingir um equilíbrio explicativo entre o movimento estrutural e o movimento conjuntural, para não cair nos erros do economicismo (exaltação das causas mecânicas) ou do ideologismo (exaltação do elemento voluntarista)". (Moraes, 1978: 76)

Como afirma um assistente social:

> Nosso pessoal é o nordestino. Consciência política não têm, receiam perder o emprego porque existe um grande número de pessoas procurando emprego (...) se sair daqui vai ser lavadeira ou empregada doméstica (...) Não há tradição industrial, o empregado é comprado com benefícios, tirado do campo, mão-de-obra barata e abundante. Ele (empregado) é subnutrido, rude, acomodado.

É de se pensar, pela descrição dos assistentes sociais, que aqui existe uma outra população, com características atípicas, que a distingue dos demais trabalhadores brasileiros. Negando contextos históricos específicos, parece que é preferível a divulgação da apatia do que os resquícios da repressão ou a possibilidade de se pensar numa apatia imposta, forçada por condições objetivas.

Isso nos leva a crer que o assistente social faz uma leitura da realidade cujo parâmetro é a explicação da realidade "pelo que falta". A falta é notada a partir de um modelo mítico, transmitido pelos manuais acadêmicos, fornecedores de indicadores e não de elementos que permitam perceber a realidade como uma totalidade em movimento. Por isso, o papel da repressão do Estado e das próprias empresas é posto de lado, dando lugar ao exame da "apatia política — geralmente uma condição cuidadosamente induzida e mantida em proveito da ordem dominante". (Pinheiro, 1977. In: Rico, 1982: 19-20).

Por isso mesmo, os assistentes sociais preferem se bastar na constatação das necessidades declaradas do empregador e do empregado, em vez de pretender uma análise mais profunda do processo social que cria tais necessidades. Em suma, explicam a realidade apenas a partir das aparências e do discurso formalizador de papéis. De um lado, o empregador declara precisar de trabalhadores sem problemas; de outro, o empregado apresenta e vivencia situações problemáticas, vale dizer, de carência, que precisam ser remediadas para se ajustarem à imposição patronal.

Em outros termos, dizem que o empregador tem necessidade de mão-de-obra livre, eficiente e disciplinada, e que o empregado necessita de um salário e da sensibilidade do empregador para lhe dar uma ajuda extra-salarial e um tratamento humano.

Como coloca uma entrevistada:

> A empresa tem consciência dos problemas e tem como política a valorização do homem. A empresa não separa pessoa de empregado. Se visse só empregado, olhava apenas pro trabalho. Ela sabe que ele tem papéis na sociedade e os desempenha concomitantemente. A valorização tem repercussão no trabalho porque, o indivíduo integrado no trabalho e na sociedade, ele é satisfeito. Nosso empregado se sente atendido nas suas aspirações. Satisfeito com a política de trabalho e a política social de empresa.

Neste caso, o desempenho dos papéis deve permitir igual satisfação ao empregador e ao empregado, tendo por pressuposto uma igualdade de posições.[4] Contudo, o próprio assistente social contradiz a satisfação e o humanismo, via cumprimento de papéis, ao ver que a empresa ultrapassa sua tarefa de pagar o salário ao trabalhador.

Tal constatação, no entanto, não induz o assistente social a repensar a questão salarial, isto é, a perceber que o salário, como remuneração justa para a manutenção e reprodução da força de trabalho, na realidade não é pago na quantidade suficiente.

Os assistentes sociais optam, então, por colocar a questão na esfera dos "problemas sociais", quando dizem que a empresa reconhece a "problemática" da carência, mas que ela não tem obrigação de supri-la. Por isso, falam da "sensibilidade da empresa" para com o trabalhador, que se consubstancia nos auxílios e ajudas.[5]

Em tal nível de discussão, os profissionais se colocam como defensores de uma ideologia assistencial. (Santos, 1982: 168-9 e Faleiros, 1981: 48). Apesar de vivenciar os mecanismos utilizados pelo capital para reproduzir a força de trabalho, não os aprende

---

4. Discutindo as ideologias do Serviço Social, Vicente Faleiros aborda o tema e afirma que a questão dos papéis sociais se assenta "no pressuposto de que o homem deve internalizar os papéis para que a sociedade funcione de forma adequada aos fins propostos pela classe dominante". (In: Faleiros, 1981: 22)

5. Segundo Iamamoto, "as medidas de política social fornecem ao poder um argumento básico, na sua convivência política com os diversos grupos e classes sociais: seu 'interesse' e a sensibilidade para com os problemas sociais, em busca de um projeto humanizado de sociedade. Este discurso ideológico é estratégico para o reforço das bases políticas do poder (...)". (Iamamoto e Carvalho, 1982: 113)

enquanto contexto de exploração do trabalho alheio, mas simplesmente como "ajuda" aos dois pólos da relação, isto é, patrão e empregado, o primeiro realizando melhor as finalidades lucrativas da empresa, o segundo tendo sua carência suprida.

Na realidade, como postula uma assistente social:

> Com problemas, o operário produz, mas, assistido, produz melhor.

Isso nos leva a considerar duas margens de discussão sobre a percepção do assistente social acerca do problema da reprodução da força de trabalho. A primeira seria indagar se a assistência está mais ligada à reprodução material ou à reprodução espiritual, em que o controle se exerce pela via ideológica. Na segunda, na medida em que é negada uma pressão das necessidades na reprodução da força de trabalho por parte do trabalhador, colocando-a como uma ação voluntária da empresa, esse voluntarismo recebe o adjetivo de "humano".

Nas palavras de uma entrevistada:

> A empresa se preocupa muito com o seu pessoal; ela pensa na promoção, mas não esquece a produção.

O humanismo é, desse modo, entendido sob expressões como "sentir-se, gente", "ter um tratamento humano", ou mesmo pelo fato de a empresa patrocinar programas dirigidos "para o empregado". A ênfase parece recair, pois, na individualização, na consideração pessoal, no referir-se à pessoa do empregado. Dentro de tal ótica, na verdade, é que se pode suspeitar do envolvimento do assistente social, da sua organicidade com os objetivos da empresa, sob a égide da promoção humana.

Outra consideração significativa, feita pelos assistentes sociais, refere-se à relação entre empresa e sociedade, principalmente no que diz respeito à colaboração da primeira com o Estado. Em geral, afirma-se que os problemas sociais não nascem na e com a empresa, sendo, portanto, de natureza estrutural e externos à empresa.

Mas, como reconhece que o Estado não tem condições de arcar sozinho com os encargos da política social, a empresa, por esta razão, colabora, criando seus próprios serviços e até mesmo viabilizando programas estatais.

Como afirma uma assistente social:

> No meu pensamento, os problemas que a empresa atende deveriam ser de responsabilidade do governo, mas de qualquer forma a empresa faz parte de situação do Estado, de estrutura; então, por isso, ela também é responsável. No sentido de participação. Ela tem que dar a sua colaboração também.

A percepção dos laços entre empresa e Estado, aliás, referidos também pelo empresariado no primeiro capítulo deste estudo, parece demonstrar que os pactos de dominação sobre a classe trabalhadora são vistos pelos assistentes sociais quase que exclusivamente como uma condição para viabilizar o bem-estar social.

Além da concepção que privilegia a complementaridade entre capital e trabalho, emerge uma outra que poderia ser chamada de "fatalista". Nesta, a empresa é uma unidade de produção que subsiste à base da autoridade e repressão, além da vontade e participação do trabalhador.

Assim:

> O homem tem que trabalhar. Eles não podem ter problemas. A empresa não perdoa interferências na produção; quem não trabalha bem, não fica mesmo... é esta a situação que se vive neste abril de 1983.

A empresa é vista, dessa forma, como uma entidade que possui poder, independente da correlação de forças, que tem um projeto e o cumpre usando a repressão, patente no sistema de punições e demissões.

Uma percepção que se opõe às precedentes coloca a empresa no contexto das relações sociais que emergem do processo de produção.

Como se exprime uma entrevistada:

> É uma empresa que é um modelo do sistema capitalista; produção em série, mecanizada, tecnologia avançada. É o exercício pleno de mais-valia e de submissão do trabalho ao capital. Por isso mesmo, é necessário atenuar as contradições, controlar possíveis conflitos e manter a exploração sob a imagem da liberdade. Embora nem sempre consigam...

Aqui, o assistente social identifica a assistência como uma expressão ideológica para camuflar a exploração. No entanto, a questão da reprodução da força de trabalho é totalmente omitida, e, embora adotando um referencial distinto do grupo, o assistente social não considera a participação do trabalhador no tocante à satisfação de necessidades, forma de negar a própria exploração capitalista.

Assim, na medida em que são identificadas motivações e objetivos da empresa no trato das necessidades, é explicitada também a matriz justificadora da ação, haja vista que as razões expostas traduzem uma forma de problematizar a realidade, tendo como palco as relações entre capital e trabalho.

Em suma, apesar de haver distinções no discurso coletado, a inserção do assistente social na empresa parece se justificar, em linhas gerais, pela existência dos chamados "problemas sociais" e pela necessidade de desenvolver estratégias empresariais para controlá-los.[6]

Embora não se possa perceber muita clareza sobre questões fundamentais na inserção do Serviço Social na empresa, o discurso analisado não deixa de ser coerente em pelo menos um ponto significativo, isto é, o lugar da profissão. Assim, todos os assistentes sociais entrevistados afirmam sua inserção na empresa no que diz respeito ao trato de "problemas sociais" do trabalhador mediante uma requisição institucional. Em outros termos, o trabalhador passa a ser "objeto" da ação do Serviço Social por sua condição de trabalhador carente e não como sujeito de uma relação social de produção, gerenciada pela empresa, e com isso se reconhecem como profissionais, titulares de uma especialidade dentro da divisão social do trabalho.

Tal discurso, entretanto, somente adquire inteligibilidade quando é evidenciado o nexo entre a ação profissional e as necessidades problematizadas pelo empregador ou pelo empregado, enquanto fenômenos que são objeto de intervenção da profissão na empresa.

Por isso mesmo, os assistentes sociais estabelecem uma íntima conexão entre especificidade profissional, objetivos da empresa, ori-

---

6. Neste sentido os problemas sociais surgem "a partir das desigualdades criadas e assumidas socialmente pelos agentes em suas posições de dominação e subordinação". Souza, 1979. (Diríamos que os problemas sociais são legitimados e institucionalizados como forma de manter e reproduzir a própria "desigualdade controlada").

gem e formas de manifestações das necessidades, como se vê na citação abaixo:

> Há sete anos se sentiu necessidade de um assistente social, por conta dos problemas que existiam. Problema de adaptação de empregado, problemas nas famílias, a parte financeira, a parte disciplinar. (...) Ela (assistente social) é uma pessoa capacitada a dar uma melhor assistência junto ao empregado, ao procurar promover o homem dentro do trabalho (...) o empregado com problemas a gente sabe que não vai trabalhar bem a ponto de produzir, porque interessa para a empresa é que a produção saia.

Aqui, o ponto que merece destaque é a conceituação de promoção humana numa estreita relação com os objetivos da instituição, temática, sem dúvida, predominante no discurso não apenas dos profissionais que trabalham na empresa, como no discurso geral da própria profissão, cuja história parece mostrar que a promoção é um objetivo amplamente referido, sendo inclusive, apontado no documento de Araxá como uma das finalidades da profissão. (Ver Aguiar, 1982: 110-143). Parece-nos, assim, que o conceito de promoção evidencia uma estratégia de manutenção do *status quo*, identificada como capacitação, como a possibilidade de o indivíduo, mediante intervenção do assistente social, se habilitar para uma ação.

No entendimento da declaração anterior, a habilitação se faz para que o empregado se adapte a condições favoráveis a uma boa produção. Neste sentido, a promoção do homem é vista como uma exigência capitalista presente na afirmação dos objetivos da empresa e, como conseqüência, a intervenção promocional implicaria no enquadramento dos trabalhadores aos padrões de "normalidade" exigidos para manter a produtividade da força de trabalho.

Inferimos que, por estas razões, a especificidade da ação é considerada pelos agentes como a mediação entre condições objetivas de carências ou manifestações de comportamentos problemáticos e a disponibilidade da empresa para supri-los. Tal disponibilidade refere-se, no caso, tanto à questão financeira como ao interesse objetivo da empresa, quando elege algumas necessidades em detrimento de outras. Por isso, a administração e execução de programas assistenciais são considerados como a função técnica por excelência do assistente social na empresa. Para fundamentar a especificidade de sua intervenção, um assistente social reflete sobre sua própria qualificação da seguinte forma:

> O assistente social vê o homem em todas as suas dimensões, inclusive nas suas relações de trabalho. Sabe que fatores interferem na relação; o homem não é só aquilo que está apresentando no momento, mas o que já foi e o que vai ser.

É, portanto, a existência de um conhecimento sobre o homem e seu meio que torna o assistente social um agente capacitado e, por essa via, chamado a intervir. Ora, se tal for verdade, será a empresa quem sanciona o conhecimento profissional e referenda a profissão na divisão do trabalho coletivo.

O assistente social, deste modo, passa a imaginar que é requisitado por ter adquirido um referencial teórico particular, suscetível de ser aplicado na realidade da empresa, no que se refere à problemática da força de trabalho.

No depoimento de uma profissional entrevistada:

> A empresa se conscientizou de que o assistente social é uma pessoa que adquiriu uma teoria na área de assistência. Quando ele estuda, adquire uma teoria para lidar com o próprio funcionário, para trabalhar em cima daquela problemática social que envolve o funcionário e a empresa. Eu acho que, partindo daí, a empresa reconhece que tem muito mais condições de ele ajudar o funcionário do que uma pessoa que nunca fez o curso, que não tem uma experiência universitária.

Neste sentido, há uma confirmação, na maioria dos depoimentos, de que a empresa requisita a profissão pela competência técnica, expressa na teoria do Serviço Social. Impossível, pois, pensar sobre a localização da "teoria": ela não somente é adequada à realidade da empresa, como se afirma numa igual matriz explicadora da realidade, comum a empresários e profissionais.

Parece, pois, que esta especialização técnica, adequada ao real, é que permite a configuração dos fins da profissão, desde que os assistentes sociais, ao definirem o lugar da profissão, fazem-no apontando para as referências teóricas em conexão com as "expectativas" da empresa; vale dizer, o assistente social nada mais faz do que teorizar as expectativas da empresa, em proveito desta última.

Entretanto, com estas considerações, não se quer negar a questão da autonomia técnica da profissão, que, aliás, é reafirmada no momento em que os entrevistados — ainda que ingenuamente — priorizam a capacitação e o quadro teórico antes de falar claramente do que a empresa exige da ação dos profissionais.[7] Apesar disso, não podemos deixar de pensar que, a partir dos depoimentos e do discurso geral da profissão, tal autonomia apenas consolida um Serviço Social patronal e não uma teoria geral do Serviço Social que, por opção política, possa servir aos interesses do trabalhador.

O núcleo da identidade conceitual, que discutimos, é interpretado por uma assistente social, como no depoimento que segue, ao atribuir à profissão a especialidade de "resolver problemas do trabalhador", enquanto sinônimo de um projeto humanizador, empreendido pela empresa capitalista:

> A empresa tem uma grande preocupação com o elemento humano, por isso há necessidade de ter uma pessoa específica a quem o empregado se dirigir, para resolver seus problemas. Onde não existe assistente social, o empregado se sente desamparado, porque todos têm problemas e isso terá que ser levado a alguém.

Ora, pelo exposto, e reafirmando o que já dissemos, a ideologia assistencial justifica a presença do assistente social na empresa. E, neste sentido, o que se deve concluir é que o Serviço Social, ao ocupar um lugar naquela organização — atender problemas do trabalhador —, tem sua ação assumida pelos agentes como "apoio" ao empregado. Esse apoio seria objetivado no fato de o empregado se saber reconhecido pela empresa como alguém que merece ter um especialista à sua disposição.

O fato, na verdade, é reforçado pela prática tradicional e não é por acaso que uma entrevistada afirma:

> A empresa que possui assistente social adquire um status de humana, moderna e avançada.

---

7. Vale esclarecer que a "teoria" é aqui referida pelos assistentes sociais como uma abstração que se constrói acima de interesses "particulares".

Parece, então, que "empresa avançada" e "trabalhador apoiado" seriam categorias construídas a partir da necessidade de legitimação profissional e que, consciente ou inconscientemente, conduzem o profissional a uma adesão, muitas vezes disfarçada, à ideologia patronal.

Como afirma uma assistente social:

> A empresa me contratou para ser o fiel da balança, para equilibrar produção com a integração da pessoa do trabalhador.

Esta finalidade, aliás, é referida pela maioria dos assistentes sociais, sendo identificada como a principal exigência da empresa, na medida em que expressa a lógica capitalista da assistência social, vale dizer, o trabalhador assistido e integrado produz mais. Por isso, dizem os assistentes sociais, esboçando sua concordância:

> A empresa vê o assistente social como pessoa (...) para resolver os problemas dos empregados. A empresa vê o Serviço Social como quem procura melhorar o homem para uma maior produção. O empregado vê a assistente social como representante deles, que tem oportunidade de levar a questão para a empresa. Já a empresa a vê como quem leva os problemas e traz a solução. Para o empregado, contribui na medida que dá tranqüilidade para o ser humano. Ele pode produzir mais, mas isso não invalida o que fazemos por ele.

Segundo o depoimento acima, a ação de equilíbrio é operacionalizada na medida em que o incentivo à produtvidade da força de trabalho não anula a utilidade da assistência concreta prestada ao trabalhador, isto é, valoriza-se o dado imediato em detrimento do elemento político.[8] Por isso mesmo, salvaguarda-se a posição de me-

---

8. Ressaltando os elementos políticos de assistência social, Leila Lima Santos afirma que "a idéia que acompanhou (e que ainda acompanha) a realização destas atividades é que elas proporcionam um benefício aos trabalhadores (...) o que silencia uma parte fundamental de verdade: o fato de que o benefício obtido pelos trabalhadores é uma condição através da qual se realizam interesses dos grupos sociais dominantes da sociedade (...) em geral, o bem-estar obtido pelo trabalhador não é só benefício para ele, como também é para o capital, que se apropria de sua força de trabalho para a produção da mais-valia". (In: Santos, 1982: 169)

diadores dos objetivos do capital sob o título da promoção social do trabalhador. Esta postura supõe uma defesa da manutenção das relações sociais vigentes, embora plasmada num projeto modernizante, cuja essência é a inovação de medidas assistenciais, sem alterar o caráter estrutural dos problemas que motivam tais medidas.

Como coloca um assistente social, fica claro que a ação promocional é uma resposta às exigências da moderna empresa capitalista. Assim afirma:

> É a valorização do homem no seu trabalho, visando o bem-estar desse homem enquanto elemento produtivo (...) é minorar a situação e ajudá-los a solucionar seus problemas.

Entendemos que tal resposta indica uma identidade entre o que quer a empresa e o que faz o assistente social. Esta afirmação é confirmada, inclusive, na descrição da ação, como mostram os depoimentos de alguns profissionais:

> Procuramos conscientizar o funcionário de que seu trabalho é importante para si e para sua família.

E complementam, dizendo que este procedimento permite promoção:

> Prepara o homem para viver no trabalho e na sociedade.

Ou ainda:

> Reeduca o indivíduo.

Pelo descrito, pode-se inferir que, para alguns profissionais a expressão "promoção humana" seria suficiente para desenvolver uma ação que, aparentemente, favorece o trabalhador e a empresa.

Contudo, apesar da predominância deste discurso acrítico, é possível vislumbrar algumas posturas que questionam a coerência entre exigências capitalistas e respostas da profissão no trato dos problemas da classe trabalhadora.

Tais questionamentos são expostos quando, por exemplo, o assistente social reconhece que a profissão se criou na sociedade por esse caminho capitalista com o crivo da ideologia adaptadora, e por isso foi requisitada pela empresa.

Afirma-se, então:

> O Serviço Social é visto como a profissão do ajustamento e equilíbrio: por isso mesmo, o empresário o chama para cumprir esse papel na empresa.

E complementam a colocação esclarecendo que tal ideologia se corporificou, historicamente, em habilidades profissionais que a empresa utiliza:

> O assistente social é pago para dar conselhos e ouvir problemas de forma eficiente e habilidosa.

Neste caso, os objetivos da profissão e as qualidades do profissional são elementos que respondem às expectativas da empresa, vindo a referendar o lugar que lhe é destinado na divisão técnica do trabalho.

Segundo um assistente social, eis sua função:

> Resolver e atender qualquer problema do empregado.

Neste sentido, os profissionais parecem concordar em identificar tal tarefa como o "lugar" destinado à profissão na empresa, e, se para alguns esta tarefa é interpretada como "humanização do trabalho", para outros é vista como uma contingência do processo organizativo da produção. Para esclarecer o último aspecto, declaram:

> O assistente social na empresa evita que os supervisores ou gerentes percam tempo com os problemas do empregado.

Este é, sem dúvida, um elemento importante para a discussão, pois demonstra a dinâmica das determinações da prática do Serviço Social no interior de uma empresa. Podemos, por exemplo, constatar a impossibilidade de separar variáveis técnicas e políticas de uma prática. Se para os assistentes sociais a imagem de uma empresa preocupada com os trabalhadores se desfaz diante da imposição de criar novos serviços que evitem "perda de tempo dos gerentes", parece que tal descoberta não deve ser extensiva ao empregado. Caso contrário, a empresa não teria no assistente social um veiculador da "ideologia do agradecimento" que se gera no propalado "voluntarismo" dos serviços sociais.

É nesta ordem de consideração que alguns profissionais "ironizam" sua função, através de expressões como "vendedor de satisfação" ou "patrulhadores da desordem".

Observa-se que, ao assumir uma posição mais crítica, tais assistentes sociais fazem uma distinção entre os objetivos da empresa e os da profissão:

> Cada empresa tem seus objetivos, cada profissional tem sua posição. Eu tenho um ideal, apesar da justificativa da empresa, e acredito nele (...) Não falo pelo Serviço Social daqui, falo por mim.

Neste sentido, há uma diferenciação entre a instituição profissional e a ação de um agente social. A distinção é melhor esclarecida quando é colocada a questão das motivações políticas de um profissional:

> Aprendi que as mudanças não são locais e sim estruturais (...) nenhuma pessoa pode trabalhar numa empresa sem ter maturidade política e entender isso.

A explicação da afirmativa é calcada na compreensão de antagonismos entre capital e trabalho. Todavia, não se nega a utilidade material dos programas assistenciais, enquanto forma de assegurar um melhor nível de vida do empregado. Postula-se, a partir de tal posição, a necessidade de manter o trabalhador informado sobre o real significado do Serviço Social, na tentativa de negar a idéia de assistência como boa ação da empresa.[9]

---

9. Iamamoto aborda a questão dos serviços sociais a partir do conceito de cidadania, isto é, dos direitos sociais, e levanta alguns aspectos como, por exemplo: "tais serviços nada mais são (...) que uma forma transfigurada de parcela do valor criado pelos trabalhadores e apropriado pelos capitalistas e pelo Estado, que é devolvido (...) sob a forma transmutada de serviços sociais; aparecem como sendo doados ou fornecidos ao trabalhador (...) como expressão da face humanitária do Estado ou da empresa privada". (Iamamoto, 1982: 92)

Como afirma uma entrevistada:

> Na carência em que vive o empregado, têm que existir atividades assistenciais (...). É um dado de realidade (...) é importante dizer ao empregado por que ele recebe assistência.

Os adeptos dessa posição também abordam a questão do confronto, quando refutam a função de "elo de ligação entre os interesses da direção e dos empregados" e defendem a criação de condições de confronto entre os dois grupos como um objetivo da ação do Serviço Social na empresa.

Assim, o Serviço Social deveria

> criar condições de participação na vida social e política, compreendendo que ele (trabalhador) é membro de uma classe, fortalecendo uma consciência voltada para a mudança.

Podemos localizar, ainda, uma outra postura dos assistentes sociais, que enfatiza a utilidade dos serviços para o empregado, "isolando" a mediação política da ação.

Segundo uma entrevistada:

> É lógico que a gente contribui para a empresa, mas é preciso ver o lado do trabalhador. Ela (empresa) tem que dar condições para o empregado viver melhor porque o homem merece viver com o mínimo de dignidade e isso não é porque ele é um empregado, mas porque é um indivíduo.

Neste sentido, o assistente social admite os objetivos da empresa e propõe a melhoria da condição de vida do trabalhador. Colocando-se numa postura que poderíamos chamar de "liberal", sua proposta é dirigida para a elevação do nível de vida do trabalhador, independentemente de sua condição de explorado. A ação do Serviço Social seria, dessa forma, voltada para o homem, apesar de exercida dentro das finalidades lucrativas da empresa. Neste caso, parece que, numa possível contradição, o assistente social coloca a inserção da profissão na empresa a partir da obrigatoriedade que tem esta de suprir carências, mesmo que reconheça, como acima, o direito do trabalhador a um "mínimo de dignidade, não porque ele é um empregado, mas porque é indivíduo".

No entanto, a entrevistada, logo depois, afirma o Serviço Social como uma necessidade técnica da empresa:

É inevitável, principalmente no Nordeste, ter uma produção com esse tipo de mão-de-obra; então, a empresa tem que atender...

Assim, apesar de não ter enfatizado o espírito humanitário do empresário, o assistente social coloca a assistência em termos de condição para a empresa cumprir a sua função técnica.

Por outro lado, os objetivos do Serviço Social, denominados freqüentemente de "promoção humana", definem-se no sentido de

Dar condições para o empregado viver em comunidade.

Ou ainda:

Não é só pegar benefícios que a empresa tem a administrá-los, é criar condições para que o indivíduo saiba se movimentar, que ele consiga saber onde procurar melhorias e a quem reivindicar esse direito. Seja bom ou não para a empresa.

Dentro de tal concepção, o assistente social identifica o empregado como o consumidor de seus serviços, tendo como tarefa proporcionar-lhe condições para *melhorar* sua situação. E isso ele faz na condição de funcionário da empresa que o contrata para cumprir tarefas técnicas cujo âmbito, aparentemente, não é o da produção e sim o da problemática social dos empregados.

Nas conclusivas palavras de uma entrevistada:

Fui contratada para desenvolver um trabalho técnico de Serviço Social numa empresa. Cabe a mim desenvolver ações na área social, de acordo com as possibilidades existentes.

Assim, por baixo do rótulo de "técnico" da pobreza, o assistente social, dentro da divisão técnica do trabalho, assume uma nova área de competência técnica, consubstanciada na tarefa de controle dos chamados "problemas sociais do trabalhador", sem, aparentemente, perceber a sua própria inserção no processo de exploração da força de trabalho.

A partir da análise acima, podemos constatar que os assistentes sociais, ao falarem da sua prática, veiculam concepções distintas acerca da empresa, do empregado e da justificativa da ação do Serviço Social nas empresas. Ora se definem como profissionais, ao mesmo tempo a serviço da empresa e do empregado, entendendo-os como grupos que interagem pela posição complementar do capital e do trabalho; ora reconhecem a relação contraditória entre capital e trabalho e se posicionam em busca de uma mudança, embora sem fugir do âmbito da empresa capitalista; ora defendem a obrigatoriedade dos serviços assistenciais como condição de "convivência social" entre os dois grupos (empregado-empresa), presente na administração técnica da assistência junto ao empregado, por iniciativa da empresa.

Diante de tais posicionamentos, acreditamos ser possível fazer algumas apreciações.

O primeiro problema importante a discutir é a questão da determinação social da prática do Serviço Social. Parece que é generalizado o reconhecimento de que:

— a legitimação da prática do Serviço Social é demarcada pelo caráter promocional da sua ação, entendida como administração de benefícios assistenciais, junto ao empregado carente;

— a requisição da empresa é feita em função da interferência dos problemas sociais do trabalhador na produção e da necessidade de ter um técnico que se responsabilize pelas soluções imediatas de tais problemas;

— o lugar do Serviço Social na empresa é de mediador de soluções propostas pela instituição para atender os problemas sociais do empregado, de forma a compatibilizar situações.

Pelo que foi colocado até o momento, as respostas da profissão implicam tanto a existência de um foco de intervenção como a problematização deste.

Por isso mesmo, na proporção em que os problemas sociais — carências materiais e comportamentos problemáticos do trabalhador — são o móvel da sua ação, os assistentes sociais, para explicá-los, conceituam a empresa e o trabalhador e dizem seu objetivo dian-

O FEITIÇO DA AJUDA

te de ambos. É nestes termos que se pode fazer uma distinção entre as diversas concepções expressas.

A variável que se pode anotar para explicar as distinções é a consciência social dos agentes e as condições objetivas da ação.

Argumentamos que se de um lado a identificação da determinação social da profissão dá conta de motivos objetivos da entrada da profissão na empresa, de outro lado ela não responde pela consciência social dos agentes profissionais. Se assim fosse, não haveria concepções distintas. Neste caso, parece possível afirmar que, embora a ação do Serviço Social, como de qualquer outra profissão, só possa ser entendida a partir das suas requisições no todo das práticas sociais, as suas respostas técnicas são situadas. Mesmo que não se fale de respostas contrárias às requisições, pode-se falar de uma consciência do profissional a respeito dos destinos da sua prática. Por esta via é que interessa explorar a problematização que os assistentes sociais fazem acerca do seu objeto específico de ação.

Em princípio, apontam para os problemas sociais, descrevendo situações de carências que vivencia o trabalhador e que consideram objeto da sua ação.

Neste caso, os problemas são classificados de necessidades materiais e comportamentos divergentes. Muito embora sejam apreendidos no contexto da relação empresa/empregado, a extensão da sua problematização é variável: ora a partir do conceito de pobreza como uma cultura, ora a partir de contingências de momentos históricos, dentro da evolução da sociedade capitalista. Assim, colocam:

> A empresa não é responsável por essa situação. Ela cumpre o que lhe é determinado, paga o salário e as obrigações sociais.

Entretanto, dizem os assistentes sociais que a chaga da pobreza se propaga na empresa porque o empregado carente não produz bem e porque tem baixo nível cultural e hábitos que o tornam marginalizado, não integrado às normas do ambiente de trabalho.

Segundo um profissional:

> Há um despreparo total deles (empregados); é uma questão de educação. Esse despreparo vem da gente mesmo, brasileiros, sem educa-

ção, família grande, informações básicas ele não tem. Se deixar assim fica um círculo vicioso. Aí não vai ser bom funcionário. De repente, para a empresa, não vai interessar um doente, uma pessoa cheia de problemas que não está produzindo nada. Então, para evitar que a produção caia, fica-se suprindo as carências do pessoal que chegou cheio delas.

Parece, pela declaração acima, que o empregado chega pobre e não consegue conviver com a disciplina do trabalho, dada a indisciplina de sua própria vida. Por isso, precisa aprender, pela ação do assistente social, ou pela submissão diante da imperiosidade do destino da sua força de trabalho, a "operariar-se".[10]

Segundo ainda o depoimento anterior, parece haver uma tentativa de se construir um conceito de homem carente como clientela específica do Serviço Social a partir de indicadores sociais como renda, saúde, educação, situação familiar etc., típicos de uma ciência social empiricista.

Entretanto, a pobreza não seria só uma situação; seria, também, uma questão inerente à natureza humana que parece existir independente das condições objetivas, como uma fatalidade presente nas fraquezas e inconsistências do indivíduo.

O depoimento abaixo bem ilustra tal postura:

> São da própria natureza do homem os problemas (...) veja: dois indivíduos ganham a mesma coisa, o mesmo número de filhos, a mesma situação. Um consegue levar direitinho, consegue até poupança e comprar uma casa. O outro tá pendurado. Então eu acho que é da pessoa. Não tem fatores externos que produzam esses problemas. Acho que é da pessoa mesmo, da sua natureza.

Por outro lado, as posturas mais críticas, apesar de também acatarem análises empiricistas dos problemas, situam a questão a partir da estrutura social, embora não fazendo referência explícita ao conflito de classes.

---

10. "Operariar-se" aqui significa a defesa de um padrão comportamental ditado pelo processo organizativo da produção para que o indivíduo assuma o papel de operário no sentido de uma conduta individual e não de interesses de classe.

Assim:

> E a própria estrutura social que faz com que existam os problemas sociais. Cada dia uns mais ricos e outros sem nada.

A referência aos problemas também se faz acompanhada da descrição de fatos ou mediante um perfil da vida do trabalhador e das condições de trabalho na empresa.

Freqüentemente, os profissionais enfatizam as necessidades, destacando saúde, habitação, educação, moradia e lazer como as mais evidentes. Todavia, não é a necessidade em se suas causas que discutem, e sim suas formas de manifestação:

> O pessoal não tem casa, paga aluguel, tem problemas de alimentação, carências nutritivas (...).

O mesmo ocorre com a questão dos comportamentos problemáticos, descritos mediante reações e situando apenas causas e efeitos aparentes, como no depoimento que segue:

> Os problemas mais comuns daqui são faltas, disciplina, desajuste familiar (...). A causa disso é o baixo nível de instrução.

Aqui ressaltamos a possibilidade de haver uma referência mais especificadora quanto à postura política dos assistentes sociais no seu fazer cotidiano.

Ao relatar fatos percebidos no seu dia-a-dia, um profissional emite sinais de sua consciência social:

> As condições de trabalho aqui são ruins. O operário trabalha em condições muito inseguras (...) trabalham num regime de horas extenso, não têm tempo para a família e para lazer. O tempo de casa é só para descansar o físico. Chegam a trabalhar até 12 horas. Interessante é que eles dizem que gostam porque ganham um pouco mais (...) eles não lutam para diminuir a carga horária (...). Eles não têm consciência crítica, eles vêem apenas a necessidade de comer, vestir e outras (...). Têm um grau de escolaridade muito baixo, pagam aluguel, têm dificuldades de alimentação. Reclamam muito isoladamente e não têm capacidade de se organizar, pressionar (...). Eles não têm real-

mente consciência... por conta da falta de atendimento das necessidades básicas. O principal para eles é ter aquilo no final do mês.

Neste sentido, o que se poderia tomar por uma posição crítica, patente ao reconhecimento das condições de vida e de trabalho do empregado, acaba sendo resgatado como uma mera descrição de "reclamações" pela não-consideração da consciência de classe do trabalhador.

Neste caso, o reconhecimento da satisfação do trabalhador por "ganhar mais um pouco", apesar de ter a jornada de trabalho aumentada, é vista como acomodação, e não como indicativo dos baixos salários e, por conseqüência, da exploração capitalista.

Tomando a forma pelo conteúdo, os profissionais parecem endossar a ideologia da empresa na epígrafe das "carências" e esquecem a profundidade da dominação ideológica.

Por esta razão, entendemos que, mesmo aqueles assistentes sociais que se propõem a ter uma visão mais crítica da realidade, estão guiados apenas pelas aparências, cobrando do trabalhador uma postura espontânea em relação à formação da sua consciência de explorado.

Se, neste último depoimento, é possível ver uma certa preocupação do profissional com a condição de vida e de trabalho do empregado, há momentos em que o assistente social se coloca de forma contrária, quando afirma:

> ... não posso dizer que é um operário muito sofrido não. Pode ter sido antes porque ele já vem dessa parte da pesca, daí da redondeza, a maioria era pescador antes, então não tinha uma especialização, mas, atualmente, não sei, pela luta toda que a gente vê a maioria tem... casa própria e isso é a coisa mais importante para ele. Depois vem o problema do estudo dos filhos e nisso a gente procura ajudar com o salário-educação (...) agora eles são muito acomodados em subir aqui dentro (...). Para mudar de um cargo para outro, por exemplo, esse ponto eu acho a maioria muito acomodada aqui dentro em termos de aspiração mesmo (...). Também não são preocupados com política, nem com o dia-a-dia deles (...).

Nestes termos, seria possível pensar que o pressuposto da mobilidade, inerente à modernização da sociedade, marcada pelo abandono das atividades autônomas em prol do trabalho assalariado, é, para o assistente social, um favorecimento ao trabalhador. Por isso se diz que, antes, ele era sofrido e, agora, não é mais, porque tem uma casa e escola para os filhos. Neste caso, o emprego é considerado fonte de recursos para suprir necessidades de consumo por intermédio do salário, embora nem sempre, na verdade, todos tenham casa, escola e as demais necessidades supridas...

Por outro lado, esse "modo capitalista de pensar" do assistente social leva-o a classificar os indivíduos em duas categorias: os mais carentes e os menos carentes, em função daquilo que é permitido, pelo capital, ser consumido. (Cf. Marx, 1980: 191 e Marcuse, 1979: 26-9)

Desta forma, a descrição da intervenção, consubstanciada nos programas que desenvolve o assistente social, vem reforçar a hipótese de uma articulação da profissão para responder prioritariamente às exigências da empresa.

Nesta ótica, pode-se concluir que a problematização e intervenção do assistente social são pautadas nos limites dos objetivos da empresa, excluindo a possibilidade de tais manifestações serem expressão da negação do trabalhador.

Ao assumir as representações dos fenômenos como evidências, nada mais coerente que ter nos entraves à produtividade seu objeto de conhecimento e intervenção. Razão pela qual a ação do assistente social na empresa privilegia a relação empregador e empregado. Logo, seu âmbito de ação é limitado ao contexto da compra e venda da força de trabalho, construindo um referencial que ressalta as condições de vida de quem vende a força de trabalho e a necessária ação humanista da empresa, desconhecendo, pois, a prática de resistência do trabalhador ao processo de exploração capitalista.

Capítulo III
O potencial negador do trabalhador

Ao enfocar a participação do trabalhador como requisitante potencial do Serviço Social nas empresas, afirmamos a sua participação na construção da prática da profissão. O pressuposto da afirmação é dado pelo fato de que o trabalhador, ao não ter suas necessidades satisfeitas pela remuneração salarial, exerce pressão sobre a empresa no sentido de que suas necessidades sejam atendidas como uma imposição para reproduzir sua força de trabalho.

Por outro lado, a presença das necessidades no cotidiano do trabalhador é problematizada na medida que estas são expressas na consciência social, através do discurso da classe trabalhadora.

Tal percepção da realidade pode ser ratificadora, incorporando a ideologia empresarial, ou negadora, dentro de um processo que resulta da própria relação contraditória e das posições distintas que ambos, capital e trabalho, ocupam no processo de produção.

Admitindo tais pressupostos, é possível concluir que as políticas sócio-assistenciais geridas pelas empresas não excluem a participação do trabalhador (de forma organizada ou não) na sua formulação, inclusive como estratégia de atendimento a interesses tanto do capital como do trabalho.

Da mesma forma, na medida que o assistente social é requisitado pela instituição, para atuar na administração e execução dos serviços assistenciais, sua ação atende prioritariamente ao capital sem, contudo, excluir o atendimento ao trabalhador, nos limites dados pelas condições objetivas existentes.

Desse modo, o que se pretende questionar é o encaminhamento prioritário ao capital e a possibilidade política de negá-lo.

A fundamentação da questão implica uma referência necessária à concepção de sociedade, cuja base é constituída pelas relações capitalistas de produção. (Marx, 1978a: 129-30). Vale dizer, uma sociedade em que o modo como os homens produzem para satisfazer suas necessidades tem como determinante principal a relação contraditória entre capital e trabalho, com a emergência de duas classes fundamentais, antagônicas, uma proprietária dos meios de produção e a outra vendedora de força de trabalho.

Na verdade, a exploração de uma classe sobre a outra é condição para a acumulação e reprodução do capital, de um lado, e da reprodução da força de trabalho, por outro lado. Entretanto, além de uma relação de exploração/dominação, as relações de produção capitalistas têm uma natureza dialética e, por isso mesmo, somente podemos compreendê-las numa perspectiva global, a partir do próprio conceito de modo de produção como uma "totalidade historicamente significativa". (Perruci, 1978: VII). Segundo Marx,

> ... na produção social da própria vida, os homens contraem relações determinadas, necessárias e independentes de sua vontade, relações de produção estas que correspondem a uma etapa determinada de desenvolvimento das suas forças produtivas materiais. A totalidade destas relações de produção forma a estrutura econômica da sociedade, a base real sobre a qual se levanta uma superestrutura jurídica e política, à qual correspondem formas sociais determinadas de consciência. O modo de produção da vida material condiciona o processo geral de vida social, política e espiritual. (Marx, 1978a: 129-30)

Ora, se é na superestrutura que se produzem as formas de consciência social, correspondentes à posição que os indivíduos ocupam na produção, e sendo essa posição distinta e contraditória, é na práxis histórica do indivíduo que ele toma consciência dessa contradição; e não apenas consciência da relação de dominação, mas da condição da dominação.

O FEITIÇO DA AJUDA

Sendo a sociedade uma "totalidade que se estrutura tendo como determinante as relações sociais de produção, e definida como um sistema de relações sociais entre classes vinculadas pelo princípio da dominação (...) o sistema de relações entre classes implica necessariamente luta" (Mello, 1975: 129), que se manifesta no cotidiano do indivíduo.

Neste sentido, Conceição D'Incao fala da possibilidade de existência de um potencial negador da práxis, em termos de viabilidade histórica de transformação no contexto da luta política de classes. Como afirma a autora mencionada,

uma vez que a luta política de classes é resultante da organização política dos indivíduos, a partir dos reflexos na superestrutura, da contradição ocorrida ao nível da infra-estrutura, a consciência negadora do sistema, entendida como (...) consciência histórica, tem papel determinante no desencadeamento da práxis revolucionária. (Mello, 1975: 129)

Este seria o campo de discussão em que se pode pensar na viabilidade de construção da ideologia dominada enquanto força social que se objetiva na luta pela transformação, esfera superestrutural em que a formação da consciência crítica é plasmada nas contradições em busca de uma superação.

A respeito do tema, Miriam Limoeiro escreve que "as ideologias do porquê são as ideologias da classe dominada, cujo conteúdo é principalmente o questionamento da dominação e a proposta de uma nova organização da sociedade". (Cardoso, 1977: 30)

Ora, se se aceita a formação de uma ideologia dominada, deve-se aceitar, também, o caráter potencial de negação do trabalhador, na sua prática histórica, identificada no seu modo de pensar e agir, numa determinada formação social.

Aqui, teríamos de esclarecer que as idéias do trabalhador não se constituiriam numa simples ratificação da ideologia dominante. Antes, são formas de manifestação que, por resultarem de uma relação dialética, podem permitir o surgimento, dentro de um projeto político de classe, de uma outra ideologia, de natureza contestadora.

Neste sentido, Alba Pinho, referindo-se à concepção de ideologia, coloca que, partindo da diversidade de situação e posição da burguesia e do proletariado na sociedade de classes, Gramsci delimita o peso político diverso da ação ideológica para os dominantes e dominados. Mostra que, para a burguesia, que exerce a espoliação do mundo da produção e tem o domínio político, dispondo do aparato estatal, a ação ideológica é importante na reprodução e manutenção das relações de dominação, mas não é uma ação decisiva; enquanto para a classe dominada, que, como tal, está privada da propriedade e do acesso ao aparato estatal, a ação ideológica é decisiva no seu projeto de libertação desde que, no interior do bloco histórico, existam as condições objetivas de transformação. (Carvalho, 1983: 38).

Embora se esteja postulando, em princípio, a existência de um potencial negador, não se quer dizer que esse potencial se transforme espontaneamente numa organização política de classe. Se assim fosse, ligado ao caráter potencial, já poderíamos constatar estratégias naturais de superação, prescindindo-se, portanto, e inclusive, da ideologia como "forma de conhecer".[1]

Ao contrário, entendemos que tal superação somente poderia ocorrer a partir da emergência de situações sociais críticas que provoquem a eclosão de uma tomada de consciência dos agentes, em um determinado momento histórico objetivo; ou ainda, pela via da organicidade política com os intelectuais (vanguarda política da formação partidária). (Gramsci, 1978b: 21).

Sendo esta uma proposição geral, não se pode reduzi-la ao estudo de uma prática localizada nas empresas. Esclarecemos que a questão do suprimento das necessidades do trabalhador, por via da manipulação da empresa, é apenas um aspecto da prática social que se pode considerar enquanto manifestação da totalidade. Admite-se

---

1. Cardoso, 1978: 78-83. (Segundo a autora, a ideologia da classe dominada não se forma automaticamente: "Para a classe dominada a sua realidade de vida é a realidade da dominação que ela sofre mas que só passa a ser realidade da sua consciência em fases avançadas da sua formação como classe", e completa: "embora o seu dia-a-dia seja de dominação, esta não se mostra (...) a construção do objeto de dominação supõe já um distanciamento, mesmo que ideológico, da dominação. E esse distanciamento não é conseguido senão em condições especiais. Diz a autora: "quando se aplica o conhecimento da realidade dos grupos dominados (a ideologia) é forma de conhecer o próprio domínio, desconhecendo para isso a ideologia dominante)".

O FEITIÇO DA AJUDA

que, apesar do caráter de dominação da empresa no trato das necessidades, o trabalhador, manifesta uma determinada consciência social enquanto sujeito histórico dessas necessidades; diríamos, na sua prática de resistência.[2]

Não se trata, pois, de "reduzir a consciência social de uma classe a características internas". (Mello, 1975: 133). Trata-se, sim, de admitir uma categoria de trabalhadores enquanto "possibilidade de virem a se transformar em força social, em havendo condições propícias ao desenvolvimento da práxis transformadora no meio incluso". (Mello, 1975: 133).

Essa ressalva nos leva a perceber que o discurso dos trabalhadores, aqui utilizado, expressa o nível da consciência real da sua participação nas políticas sociais das empresas, enquanto suprimento de suas necessidades e enquanto empregado de uma empresa capitalista.[3]

Dessa forma, passamos a ver as necessidades do trabalhador não como um retrato de carências de um conjunto de empregados de uma determinada empresa, mas, antes, como elementos concretos do processo de formação de uma consciência de classe; vale dizer, no processo de construção histórica de uma ideologia que possui um potencial negador do sistema dominante.

Ora, na medida que o Serviço Social é requisitado tanto pelo capital como pelo trabalhador, a sua prática será necessariamente determinada e guiada pela opção ideológica dos seus agentes ao projeto de uma classe ou de outra.

Dentro do contexto empresarial, o trabalhador é considerado como o usuário dos serviços prestados pelo assistente social. A denominação "usuário" é restrita ao caráter imediato, de consumo, no

---

2. Argumenta Miriam Limoeiro: entendo que a ideologia é, para a classe dominante, um meio secundário de exercício da dominação de classe; para a classe dominada, por um lado, um dos mecanismos de subordinação, mas, por outro lado, uma das formas, e não menos importante, de resistência àquela dominação". (Cardoso, 1977: 30)

3. Conceição D'Incao delimita o conceito de consciência real, no seu estudo sobre o bóia-fria, como "um conjunto de pensamentos empíricos efetivados ou dados de observação, cuja significação será buscada ao nível do todo estrutural que os contém". Delimitação esta que acatamos. (Mello, 1975: 136)

sentido de que necessidades reais são atendidas. Mas, admitindo-se que essa qualificação só se dá em vista da legitimidade emprestada pela empresa como requisitante institucional da prática do Serviço Social, ele, trabalhador, passa a ser, dialeticamente, um requisitante potencial independente da empresa ou do assistente social.

A questão, aqui, coloca-se muito mais como uma estratégia de apreensão e apropriação do real, dentro do processo de construção de uma prática que conduza a uma superação política do conflito de classes antagônicas do que mesmo um problema de mera constatação empírica.

Desse modo, a consideração do potencial negador da classe trabalhadora, inerente à problematização da realidade e presente na requisição potencial dos serviços do assistente social; constitui o elemento básico para a construção de uma nova. prática do Serviço Social na empresa capitalista. Em outros termos, é na opção pelo projeto político da classe trabalhadora, já construído, ou ainda em construção, que o Serviço Social pode legitimar-se como agente da mudança social.

Ao identificar como o trabalhador se define e como interpreta tanto a questão das necessidades como a ação do Serviço Social, podemos também observar, nos limites de uma prática particular, como o trabalhador, na empresa, participa da requisição dos serviços dos assistentes sociais.

Dessa forma, é necessário penetrar no discurso dos trabalhadores, seguindo, inclusive, a sua própria maneira de ordenar seu universo de vida e trabalho, cuja hierarquia, em geral, principia sempre pela instituição empresa.

Os trabalhadores identificam a empresa como seu empregador, especificamente no que se refere a pagamento de salário; condições de trabalho e tratamento recebido. É comum representarem a questão do tratamento na pessoa das chefias imediatas, emitindo julgamentos de *bom* ou *ruim*. Por outro lado, o "ambiente de trabalho" é a expressão geralmente utilizada para designar as relações intertrabalhadores, em que as qualidades de "coleguismo" e solidariedade são as mais estimadas.

A empresa é vista como uma entidade que tem um objetivo preciso, isto é, obter lucros como uma condição, inclusive, de manter um corpo de empregados.

Como afirma um trabalhador entrevistado,

> Se ela parar de vender ela não vai continuar com o funcionário (...)
> porque aí ninguém vai tirar do seu (o empresário) e ela tem que dis-
> pensar a gente (...) eu prefiro que ela continue tendo lucros porque
> quanto mais ela engrandecer eu estou sabendo que cada dia vou ga-
> rantir meu emprego.

Deste modo, o trabalhador aceita o objetivo e a posição da empresa, como uma condição para assegurar o seu salário. Entretanto, ele reconhece as peculiaridades presentes na privatização do lucro, diríamos, o destino do produto do seu trabalho, do qual o dono do capital não abre mão. (Cf. Marx, 1978c: 82-3). Nesse sentido, o trabalhador coloca a apropriação do excedente ora como fruto de uma oportunidade individual do capitalista, ora como uma condição perpetuada numa classe.

Para o trabalhador, ser capitalista é um "estágio", fruto de uma ascensão:

> ... ele tem medo de cair de novo na pobreza, quer dizer, se for ajudar o
> pobre, vai afundar no que era.

Esta postura, contudo, não é generalizada. Na maioria das vezes, o trabalhador percebe que existe algo mais do que um "sucesso individual", passando a questão pela contradição entre capital e trabalho. Um dos entrevistados, por exemplo, afirma:

> É certo que existem os grandões, mas, digamos, o trabalhador para a
> empresa é aquela pessoa que dá a produção para as 'cumpritudes'
> dos donos aos diretores. Mas, se não fosse o trabalhador, não existia
> nem serviço, nem dono de empresa.

Todavia, a relação entre capital e trabalho supõe uma outra alternativa de entendimento, pelo trabalhador. Ao passar pela interdependência, objetivada no caráter relacional das classes, o trabalhador afirma a relação como complementar. São posições que se completam para haver produção, e não posições que se contrapõem. Segundo um entrevistado:

A empresa precisa do meu trabalho e eu preciso do salário que ela me dá.

A base dessa relação de complementaridade é expressa, também, na própria condição da produção capitalista, presente nos imperativos da venda da força de trabalho, por não possuírem os trabalhadores os seus próprios instrumentos de trabalho. (Cf. Marx, 1980: 189).

Assim:

> Se eu não estivesse aqui não ia adquirir o que estou precisando. Sei costurar, mas não tenho máquina (...) então costuro para a empresa, então ela tem lucro com isso, mas eu vou poder ter o que preciso.

Ao identificar o móvel da sua submissão, isto é, a não-propriedade dos meios de produção, o trabalhador oscila ora entra uma postura de assumir papéis, através dos quais empresa e empregado cumprem funções não conflitivas, necessárias ao desenvolvimento da produção; ora a de se posicionar de forma crítica, falando em torno de um projeto político, como se caracteriza, por exemplo, a fala de um trabalhador entrevistado:

> Se nossos companheiros entendessem o poder que nós temos, a situação da empresa seria vista no seu devido lugar e a nossa também.

Esta postura de consciência sobre a necessidade de organização e mobilização no enfrentamento das classes não é, contudo, predominante no discurso do trabalhador. Na verdade, somente a encontramos entre trabalhadores envolvidos com os sindicatos atuantes, cujo discurso apresenta diferenças tanto em termos de clareza de objetivos como de experiências práticas acerca do tema.

Ao problematizar as relações capital/trabalho, como complementar ou contraditória, o trabalhador expressa, sem dúvida, a existência de uma consciência acerca de conflitos, ora assumindo simplesmente papéis, ora identificando claramente contradições de classe. Vale salientar que é, inclusive, pela via da questão da administração dos conflitos que ele justifica a inserção do Serviço Social, fato que exploraremos mais adiante.

O FEITIÇO DA AJUDA

No entanto, talvez seja ainda prematuro falar de clareza na identificação do conflito de classes, desde que, dentro da massa, são poucos os trabalhadores que o fazem. Em geral, o trabalhador indica apenas formas de controle diante da manifestação do conflito, como, por exemplo, nos depoimentos que seguem:

> Não gosto de reclamar porque fico sujo com eles (empresa), vão dizer: "esse aí não quer nada com a vida".
>
> Eu sou um operador, então tenho aquela obrigação da produção (...) se eu não faço, se não der uma boa produção, minha eficiência vai lá para baixo, a fábrica fica com raiva de mim (...) o chefe vai ficar me olhando, e vai terminar me eliminando. Eles são assim, não querem saber de vida de trabalhador; é só mesmo produzir e, se não fizer como querem, dança.

Ao reconhecer e identificar o controle e poder da empresa, o trabalhador os transforma numa norma não apenas de trabalho, mas de vida, a partir do quê, numa dialética de afirmação e negação da práxis, parece emergir uma ideologia do desânimo e da fatalidade. Sobre o fato, assim fala uma operária:

> A gente se acostuma porque é obrigado. Aí deixa de reclamar, de falar, de pedir. Você tem que aceitar, aí se conforma, se acostuma (...) e sente até falta quando sai do emprego. Também é tudo igual...

Na realidade, para o trabalhador, a questão do controle e da disciplina na empresa não passa de outra forma dos mecanismos gerais a que sua vida cotidiana está submetida. A fábrica apenas internaliza e sistematiza tais controles, parecendo mesmo que, ao menos para o trabalhador, o mito de que a empresa melhora a sua vida — mito, aliás, tão difundido entre profissionais do Serviço Social — não encontra nenhum fundamento. Na palavra de um operário:

> ... a empresa mesmo não tem nada com isso. É tudo assim mesmo... é a vida de pobre que não pode ser outra. Se não trabalhar, vai fazer o quê?

As referências às condições materiais de vida são englobadas num universo onde não há lugar para particularizações. São sempre expressões como "situação de pobre", "nossa condição", "necessidades do passar", "vida de trabalhador", que são verbalizadas, como se um código comum a todos desse conta de qualquer explicação. O fato não significa, porém, que tais expressões sejam ditas e vividas pacificamente; ao contrário, elas são incorporadas à uma condição, diríamos, usando a expressão de Florestan Fernandes, a uma "situação de classe".[4]

Por outro lado, a admitir "sua condição", codificada nas expressões do trabalhador e relacionadas fundamentalmente ao baixo nível de vida, à impossibilidade de consumi o desejável para sobreviver e, principalmente, à imposição de se submeter às exigências do capital, o trabalhador considera que os benefícios administrados pela empresa têm um papel auxiliar no suprimento de suas carências.

Na realidade, para o trabalhador, a situação de carência resulta de uma "situação de classe" e, portanto, aqueles benefícios não alteram substancialmente a questão: apenas ajudam a suportá-la. Mesmo assim, parece claro que o caráter de ajuda não é percebido como doação "voluntária" e "despretensiosa". Antes, ela é concedida para amenizar uma situação existente, com o objetivo não de mudar alguma coisa, mas da contribuir para os objetivos da empresa.

Assim, para além dos meios de ajuda, o trabalhador percebe perfeitamente os fins a que se propõe o capital. Na declaração de um trabalhador, a questão é colocada da seguinte maneira:

> Eu acho que toda empresa tem médicos e esses negócios, mas eu acho que é porque nós merecemos; nós, como operários deles (capitalistas), temos que ter essa coisa toda, de enfermaria de empréstimo (...) a gente merece porque trabalha para eles e aí tem o direito porque quando do a pessoa trabalha se gasta.

Esta postura vem caracterizar a forma como a grande maioria dos trabalhadores vê a questão dos serviços sociais. Na proporção

---

4. "De acordo com a conceituação de Marx, a situação de uma classe social é definida pela posição ocupada, em conjunto, pelos membros do processo de produção econômica. Colocando grupos de indivíduos em condições econômicas fundamentalmente semelhantes, a situação de classe favorece o desenvolvimento de um paralelismo de interesses e dá origem a ações convergentes ou análogas que podem inclusive assumir a forma de atuação consciente (organização parcial ou total das atividades da classe). (In: Fernandes, 1982: 106)

O FEITIÇO DA AJUDA

que o trabalhador situa os serviços sociais na esfera da reposição da força de trabalho "gasta", é interessante destacar que ele resgata a assistência prestada como um direita que adquiriu por vender sua força de trabalho. (Cf. Iamamoto e Carvalho, 1982: 91.) Neste sentido, pode-se perceber com nitidez a questão da problematização das necessidades e da participação do trabalhador na requisição dos serviços do assistente social. Sabiamente, o trabalhador nega o espírito humanista de que falam empresários e assistentes sociais e o substitui pela imposição da reprodução. Portanto, o significado que os trabalhadores dão aos serviços sociais é inscrito na relação capital e trabalho corporificada na empresa.

Mas, por outro lado, podemos aceitar a idéia de que, subjacente à colocação do trabalhador, estaria presente a noção de cidadania, enquanto afirma os benefícios assistenciais como direito de classe.

Mais ainda, como escreve Iamamoto, enquanto

> serviços a que têm direito todos os membros da sociedade na qualidade de cidadãos, mas (...) serviços que vêm suprir necessidades daqueles cujo rendimento é insuficiente para ter acesso ao padrão médio de vida do cidadão; são, portanto, a esses efetivamente dirigidos e por esses consumidos predominantemente. (Iamamoto e Carvalho, 1982: 92).

Porém, por serem os serviços sociais situados na empresa e dirigidos para empregados assalariados, é possível também ver a questão a partir da existência de uma estratégia política da empresa para obscurecer o problema dos salários.

Neste sentido, seria admitido e, inclusive, institucionalizado o fato de os salários serem insuficientes para suprir as necessidades básicas para a sobrevivência do trabalhador e sua família; e aí a questão do "direito" seria outra forma de problematizar as necessidades pela via do questionamento acerca do próprio "valor do trabalho", fato reforçado pela própria relação que o trabalhador estabelece entre serviços prestados e desgaste do trabalho.[5]

---

5. "O valor da força de trabalho é formado por dois elementos, um dos quais puramente físico, o outro de caráter histórico e social. Seu limite mínimo é dado pelo elemento físico, quer dizer, para poder manter-se e se reproduzir, para perpetuar a sua

Todavia, os trabalhadores, mesmo admitindo os benefícios como direitos, por "trabalharem para eles", qualificam sua extensão dentro de expressões como "ajuda", "quebra o galho", "é melhor do que nada" etc.

Explicando tal extensão, associada ao fato de serem serviços administrados pela empresa, o trabalhador diz, no entanto, que nem tudo é benefício, fazendo a distinção entre serviços pagos e outros gratuitos.[6] Em verdade, sua distinção é menos ideológica e mais fruto da vivência. Com efeito, os empresários e assistentes sociais fazem referências aos "custos simbólicos" de alguns serviços para o empregado, como forma de evitar ações paternalistas. Para o trabalhador, no entanto, tal "simbolismo" não existe e o que ele percebe é que

... a empresa dá as facilidades, mas a gente paga.

Para os trabalhadores, as "facilidades" acima mencionadas significam, em geral, os serviços de alimentação, de transporte, de moradia, de empréstimos, de convênios para consumo etc. Por isso mesmo, são facilidades e não benefícios. Deste modo:

São assistências nossas que a gente paga. Todas essas coisas, todas essas assistências eles fazem para o nosso beneficio, mas a gente paga.

Por outro lado, quanto aos serviços gratuitos, o trabalhador se refere, principalmente, às doações de alimentos e remédios, às bol-

---

existência física, a classe operária precisa obter os artigos de primeira necessidade absolutamente indispensáveis á vida e à sua multiplicação (...). Além deste mero elemento físico, na determinação do valor do trabalho, entra o padrão de vida tradicional de cada país. Não se trata somente da vida física, mas também da satisfação de certas necessidades que emanam das condições sociais em que vivem e se criam os homens. Este elemento histórico, ou social, que entra no valor dó trabalho, pode acentuar-se, ou debilitar-se, e até mesmo extinguir-se de todo, de tal modo que só fique de pé o limite físico." (Marx, 1978c: 95)

6. Os benefícios pagos são aqueles que o trabalhador, para utilizar, necessita fazer desembolso de dinheiro. Basicamente, são serviços de alimentação (restaurante), transporte, moradia, entre outros. Os gratuitos referem-se principalmente a serviços de assistência médica no interior das empresas (ambulatórios), bolsas de estudo, doação de alimentos e remédios.

sas de estudo e ao atendimento médico no interior das empresas, como se infere dos exemplos abaixo:

"Bolsa de estudo é dada..."
"Remédio e o atendimento médico daqui é tudo de graça."
"O INPS a gente paga uma parte, mas o convênio é pela empresa."

Entretanto, não é incomum localizar depoimentos de trabalhadores que, quando não omitem a questão da origem e do custo dos serviços assistenciais (cf. nota 9 do cap. II), apresentam sobre ela dúvidas, como no trecho abaixo:

Eu fico calado; se eu pago ou se não pago eu não sei. Só sei que me ajuda muito, é bom para mim.

Em geral, o discurso do trabalhador sobre sua "condição" é descritivo. Mas, ao relatar "circunstâncias e fatos" e, principalmente, os benefícios auferidos na empresa, os problemas sociais da classe aparecem nitidamente. Assim, por exemplo, salário baixo, família e moradia são referidos como:

Problema de trabalhador é dinheiro.
É família grande para dar de comer, vestir e calçar.
Vem o inverno, abala a casa e aí tem que arrumar um lugar para deixar a família.

Tais problemas encontram, em geral, sua explicação no aumento do custo de vida e nos salários baixos, quando não na ausência de opções para mudar de vida, como se entende do depoimento abaixo:

Se não trabalhar tem que plantar ou negociar. Aí vem a seca e não dá para plantar e para negociar é correr e ganhar uma ninharia.

Por outro lado, a presença do assistente social na empresa é justificada pelo trabalhador com base na experiência vivenciada como "cliente" ou na transmissão de informações de pessoas que utilizaram os serviços. A percepção do Serviço Social se realiza indiretamente em relação ao processo de trabalho, ao contrário do engenheiro, por exemplo. Na verdade, o Serviço Social é, em princípio, um serviço que é utilizado e, somente por isso, torna-se identificável.

Invariavelmente, diríamos que mais de 90% dos operários contactados caracterizam a ação como uma "forma de ajuda", que apresenta dois significados: um, voltado para a assistência material, e outro, para a orientação social. Este último, identificado pela recepção de conselhos, de alertas para fatos que podem evitar demissão ou conflitos etc.

Segundo um trabalhador:

> Se não existisse assistente social a empresa, vendo que o elemento está dando prejuízo (...) se vê que não dá lucro aquele empregado, ela dispensava logo. Não tinha conselho nem ajuda, era logo rua.

Mesmo assim, embora imprecisamente, o trabalhador também identifica o assistente social como um agente contratado pela empresa para o cumprimento de suas finalidades lucrativas. Dessa forma:

> O Serviço Social é para... orientar e ajudar os funcionários em qualquer tipo de problema em que a gente tenha dificuldade, porque às vezes esses problemas acarretam prejuízo no seu trabalho e o funcionário (...) deixa de produzir como ele produz normalmente, às vezes ele está com o problema na cabeça e isso aí vai diminuir a produção (...) então o Serviço Social serve para isso, para orientar, para ajudar o funcionário nisso aí.

Compreendendo, pois, que o Serviço Social na empresa passa também pela questão da produção, o trabalhador, na verdade, retifica o conceito acadêmico-tradicional de "ajuda", construindo um novo conceito sobre aquela função, talvez mais real e verdadeiro, que seria de um serviço voltado para "ajuda" aos objetivos empresariais, no sentido de manter o nível de produção e aumentar o nível de produtividade da força de trabalho.

Um trabalhador afirma:

> Acho que o Serviço Social ajuda empregado e empresa. Ajuda a gente porque dá apoio na necessidade e também porque o empregado fica com gosto pela empresa, é para ele produzir mais.

Mais ainda, segundo outro trabalhador:

Ela (a assistente social) ajuda muito a nós, mas no final a empresa é quem lucra.

Em suma, se a empresa e a teoria tradicional apresentam o Serviço Social como uma prestação de serviços, ou ajuda, ao trabalhador, não seria por efeito de tal escamoteação ideológica que o próprio trabalhador deixaria de perceber, no processo objetivo da produção, que, para além da ajuda, esconde-se um dos instrumentos de controle mais eficazes da força de trabalho.

Servindo-se de reais necessidades do trabalhador, o Serviço Social subordina-se, na realidade, aos interesses da empresa, constituindo pela ajuda, isto é, a "promoção do homem", um mecanismo de dominação ideológica do capital sobre o trabalho.

Noutro depoimento, afirma-se:

O fim do serviço dela (a assistente social) é melhorar o padrão de vida do trabalhador mas se ela for ajudar muito aí vai pegar para ela. Ela (a assistente social) vai terminar saindo (da empresa); então ela tem que pender para o lado da empresa, porque ela é funcionária de empresa.

Assim, embora a postura e o discurso do trabalhador nem sempre identifiquem com clareza a significação político-ideológica da função da ajuda, ou, numa linguagem mais sofisticada e pudica, de "promoção humana", exercida pelo assistente social, parece mais que evidente que, através do caráter de conselheiro, de mediador de conflitos e tensões, de proximidade aos seus problemas privados, fora mesmo do ambiente de trabalho, o assistente social é percebido como "agente da empresa" e não como aliado do trabalhador.

Ao caracterizar o assistente social como um agente subalterno, o trabalhador decifra a lógica da fidelidade do assistente social ao empresariado, isto é, "porque também é um empregado". O trabalhador, contudo, não se exclui de ser objeto de assistência do Serviço Social; antes, reafirma o fato. Sabe que é o alvo, desde que são seus problemas que fazem com que a empresa contrate um técnico para conduzi-los.

Ora, o trabalhador inegavelmente dá legitimidade à "ajuda" recebida, mas sabe onde se localiza o objetivo; conhece a intenção e o produto final da "ajuda".

No que se refere às atividades do assistente social, o trabalhador, divergindo das declarações do empresariado e dos próprios assistentes sociais, identifica a "eficiência" do Serviço Social muito mais nas questões oriundas de conflitos, nos comportamentos indisciplinados, nas ausências ao trabalho, do que nos serviços de assistência material. Diríamos que, para o trabalhador, a presença do assistente social nas empresas é prioritariamente marcada pelos programas de orientação social. Isto é, pelo controle.

Com efeito, a maior incidência nos depoimentos dos trabalhadores entrevistados refere-se a aconselhamento nos casos de conflitos interpessoais, controle de absenteísmo e orientação de comportamentos.

A descrição de intervenção, feita por um trabalhador, expressa a situação:

> Digamos que uma pessoa às vezes está errada e está achando que está certa. Aí vai conversar com elas (assistentes sociais) e, se ele tiver a cabeça no lugar, ele vai procurar se corrigir e seguir o que elas (assistentes sociais) estão dizendo.

E justifica erros de uns e acertos de outros:

> Porque elas estudaram para isso e têm mais teoria do que nós. E elas sabem as coisas da empresa.

Pelo que expõe o trabalhador, podemos inferir que, se o caráter controlador da intervenção se expressa quando o empregado aceita o que diz o "teórico e conhecedor da empresa", o caráter repressor está presente quando reconhece que "quem tem a cabeça no lugar" não vacila em acatar as orientações.

Outro caráter da ação, aventado pelo trabalhador, é a tarefa do profissional de informar sobre normas, direitos, benefícios e acompanhar os tratamentos médicos.

O assistente social, segundo o trabalhador, realiza essa tarefa com "paciência, delicadeza e simpatia". O profissional sempre procura "escutar, quer saber como as coisas acontecem com todos os detalhes".

No entanto, se as "habilidades" do assistente social no relacionamento com o trabalhador são por este reconhecidas, especialmente se confrontadas com as agruras impostas pela burocracia interna e externa à empresa, nem por isso o trabalhador deixa de fazer a crítica ao papel do assistente social.

Assim, não seriam as habilidades do assistente social a expressão de um compromisso com o trabalhador individual ou com a classe em geral, mas tão-somente um instrumento viabilizador para um bom relacionamento entre profissional e clientela.

No depoimento de um trabalhador:

> O assistente social deveria se aproximar mais das dificuldades do trabalhador. Ele fica aqui dentro e os problemas se passam lá fora. As vezes acho que o assistente social está frio, parece um empresário (...) Será que se o assistente social fosse se envolver realmente, analisar a situação olhando para fora da empresa, não seria mais proveitoso?.

E acrescenta que o assistente social deveria:

> Acompanhar realmente (...) conhecer em profundidade (...) não ficar ajeitando coisas. O empregado não acredita mais (...) tem a questão de tudo que o assistente social for fazer passar pelo chefe dele. Ele só resolve casinhos (...).

O trabalhador percebe com nitidez a função do assistente social, embora não negue a utilidade objetiva dos seus serviços como uma "circunstância" da sua condição de explorado, dentro de uma relação de dominação entre as classes. Por isso mesmo, o trabalhador sabe identificar não somente os limites históricos da ação do assistente social, como, igualmente, o próprio potencial de aliado da classe trabalhadora, quando o considera também como empregado da empresa.

Na verdade esta última constatação ainda é feita sob o manto da negação, e talvez não coubesse mesmo ao trabalhador propor o passo seguinte em termos afirmativos de uma aliança de categorias.

Nas palavras de um trabalhador:

> O assistente social é tão empregado como nós, por isso não pode nos defender junto aos homens. Tem muita coisa que não depende dele. A diferença é só porque ela tem a teoria, a função de tratar, nós temos a

necessidade; mas, na hora, ele também pode, como nós, ter o cartão arriado.

No entanto, se os limites do Serviço Social são evidentes, a "proposta de aliança" é, freqüentemente, condicionada a determinadas posturas individuais. Deste modo:

> acho necessário (o Serviço Social) devido ao trabalhador que existe aqui. Ele tem seus problemas... então, se ele tem a cabeça no lugar, é importante. Acho importante, nesse sentido, que ele seja uma pessoa de consciência de pensamento e chegue com os pés no chão.

Reconhecendo limitações, mas distinguindo intenções, o trabalhador coloca as necessidades e o trabalho do assistente social como circunstâncias que fazem parte de uma situação. Embora não possamos falar de um projeto, é possível observar o potencial negador do trabalhador na sua prática cotidiana. Podemos falar, sem dúvida, também de uma participação potencial negadora da cooptação das necessidades e da ação do Serviço Social como uma exclusividade do capital.

Por outro lado, e para finalizar, ao perceber o "jogo da empresa" e do Serviço Social tradicional, o trabalhador, ao mesmo tempo em que requisita e se beneficia da "ajuda", constrói e afirma o seu "potencial negador", apontando, inclusive, para uma nova prática do Serviço Social.

Capítulo IV

Para a construção de uma nova prática

Nosso estudo foi encaminhado com o propósito de identificar os produtos da prática do Serviço Social na empresa capitalista. Calcamos a construção do objeto de estudo no conceito de profissões, dentro do contexto da divisão social e técnica do trabalho, admitindo que uma prática profissional se cria para atender determinadas necessidades sociais, mediante requisições institucionais, conferindo legitimidade às ações profissionais.

Por esta razão, o resgate do processo de construção da prática do Serviço Social na empresa tornou-se um empreendimento obrigatório para apreendermos os determinantes estruturais e conjunturais da prática que permeiam o ideário profissional construído.

Neste sentido, admitimos que a determinação social se expressa nas exigências da empresa, enquanto requisitante institucional da profissão, e o ideário profissional, nas referências teórico-práticas da profissão. Enquanto a determinação é particularizada no delineamento de algumas necessidades de que a empresa se apropria e passa para o Serviço Social, como objeto de sua atuação, o ideário se afirma quando estas necessidades são problematizadas pelo profissional, conformando um perfil técnico e político da ação do assistente social, reconhecido historicamente a partir dos produtos que constrói.

Daí por que a observação inicial acerca da construção da prática do Serviço Social nas empresas — objeto deste estudo — incide sobre a origem histórica das requisições da profissão.[1]

Em verdade, tais requisições representam uma forma de atualização das práticas da empresa para atender necessidades que surgem no próprio desenvolvimento do capitalismo industrial, suscetíveis de afetar o desempenho da força de trabalho no processo de produção, diminuindo sua produtividade.

Esta afirmação é reiterada, ao longo do tempo, pelo discurso do Serviço Social que parece identificar o surgimento da profissão na América Latina com a formação do proletariado urbano, mediante requisições ora da Igreja, ora do Estado, no exercício de atividades de natureza assistencial, realizando tarefas que objetivam atenuar dificuldades materiais, orientando comportamentos individuais no tratamento de carências.

Prefigurada como uma ação revestida de uma aura piedosa e caritativa, iluminada pelos princípios éticos e morais da Igreja, a profissão de Serviço Social se institucionaliza na medida que a assistência tradicional aos pobres, ausente de eficiência e racionalidade, não mais se compatibiliza com o atual estágio do sistema capitalista. Desse modo, a profissão se desenvolve conservando, de um lado, a ideologia assistencial e, de outro lado, aperfeiçoando suas formas de intervenção no atendimento das novas exigências da sociedade.[2]

Assim, é pertinente lembrar, desmistificando algumas idéias, que a requisição institucional da profissão pela empresa não pode ser reconhecida tão-somente quando se contrata um assistente so-

---

1. Sobre o tema, Iamamoto coloca que o Serviço Social "afirma-se como um tipo de especialização do trabalho coletivo ao ser expressão de necessidades sociais derivadas da prática histórica das classes sociais no ato de produzir e reproduzir os meios de vida e trabalho de forma socialmente determinada". (Iamamoto e Carvalho, 1982: 77)

2. Segundo Faleiros, "o Serviço Social, ao buscar o melhoramento da sociedade pela correção de certos desvios, (...) utiliza técnicas aceitas pela sociedade para que os desviados e marginalizados possam ser reconduzidos a um fim social, considerado útil. Assim, é racional o que é útil, o que pode servir á manutenção de ordem estabelecida. O saber (profissional) busca (...) meios, mediações, para que se alcancem os objetivos gerais do sistema (...)". (In: Faleiros, 1981: 66)

cial. E necessário evidenciar, como veremos, que o Serviço Social presta serviços à empresa, ainda que indiretamente, muito antes de compor seu quadro de técnicos em recursos humanos.

Com efeito, apesar de não ser indicada nos manuais como tradicional campo de prática do Serviço Social, nem por isso a empresa pode ser excluída do rol dos requisitantes tradicionais. Entidades patronais como o SESI, o SESC, por exemplo, são conhecidos empregadores de assistentes sociais, com uma clientela composta, em sua totalidade, por assalariados, fato que identifica uma assistência indireta e que precede, historicamente, ao Serviço Social na empresa. O próprio Estado, aliás, via entidades de previdência, principalmente, também se alinha no mesmo tipo de assistência, embora de forma mais generalizada. (Cf. Iamamoto e Carvalho, 1982. Cap. III)

Doutra forma, a manutenção de serviços informais de assistência nas empresas, executados por funcionários administrativos ou até mesmo por voluntários, pode ser vista como protoforma do Serviço Social que, mais tarde, servirá, inclusive, para a própria justificação e legitimação da profissão, na dinâmica do processo de institucionalização da prática profissional, no âmbito da divisão técnica do trabalho, na moderna empresa capitalista.

Como conseqüência, podemos concluir que a institucionalização do Serviço Social deve ser identificada como uma atualização histórica das práticas da empresa, isto é, do capital, no trato das necessidades e dificuldades decorrentes do processo conflitivo das classes que, na empresa, aparece travestido de "necessidades do trabalhador carente".

Em suma, apesar de só se tornar reconhecida, em ampla escala, a partir da década de 70, a ação do Serviço Social na empresa tem origens em momentos anteriores, demonstrando o processo de interiorização e "privatização" profissional, exigido pela modernização gerencial da empresa, que responde a um momento histórico da evolução do capitalismo em que se requer maior eficiência e maior racionalidade no processo de trabalho. Ao mesmo tempo, e como conseqüência, o Serviço Social, antes embrionário, ocupa não somente um *locus* específico como também assume um papel mais direto e explícito na divisão social do trabalho como agente requisitado pelo capital para agilizar o processo de manutenção e reprodução da força de trabalho, assim como, e principalmente, contribuir para o aumento da produtividade.

Nesse sentido, em relação às empresas pernambucanas — universo da nossa pesquisa —, pode-se observar, de um lado, a existência de empresas que criaram serviços sociais muito antes de contratarem técnicos especializados, bem como aquelas que preferiam manter laços estreitos com o SESI.[3] De outro lado, nota-se que, a partir de fins da década de 60, as empresas sulistas ou multinacionais, que foram implantadas no Recife, criavam setores de Serviço Social como reflexo mesmo de uma estratégia gerencial mais moderna.[4] Neste sentido, pode-se aquilatar o peso da variável histórica na determinação social da prática, desmistificando-se a justificativa do Serviço Social naquelas organizações pela via das "funções sociais da empresa" — que pretende dar ênfase à chamada "humanização do trabalho".

Em conseqüência, a emergência histórica da institucionalização do Serviço Social na empresa, como mecanismo técnico e político atuando junto à força de trabalho, relaciona-se, obrigatoriamente, com o nível de eficiência, racionalidade e produtividade exigido pela modernização do capital no contexto mais geral do conflito de classes no processo da produção.

Assim, as contradições entre a requisição do trabalhador e a exigência do capital de um aproveitamento otimizador da força de trabalho, levam este último a não somente se apropriar de tal requisição, mas também, e principalmente, resolvê-las com a criação do mecanismo intermediador do Serviço Social.

Neste contexto, o Serviço Social pode ser considerado como uma prática que se justifica na potencial negação que c trabalhador

---

3. Pesquisa realizada por Evany Mendonça sobre os serviços assistenciais do SESI e das empresas industriais privadas do Recife, em 1952, evidencia com clareza nossa argumentação. Observe-se que no período indicado 21 empresas possuíam serviços de assistência médica, farmacêutica, dentária, escolar, habitacional: alimentar e recreativa, além dos próprios serviços do SESI. No entanto, não há referência à presença de assistentes sociais nas empresas. (Mendonça, 1956, caps. I e II)

4. É pertinente informar que dentre as empresas cadastradas para nossa pesquisa apenas cinco são empresas pernambucanas. As demais são multinacionais ou sulistas. Por outro fado, a maioria dos setores do Serviço Social foram criados a partir de 1970, segundo informações dos assistentes sociais entrevistados.

faz da sua situação de classe, e que é ideologicamente utilizado pelo capital como um instrumento ratificador de sua dominação. Apesar de ser definido como uma ação profissional que atua junto ao trabalhador a título da promoção social e da racionalização da assistência social, a exigência de exercer atividades controladoras no processo produtivo e de veicular valores do capital, na realidade, desmistifica a ideologia da promoção do empregado carente, tão postulada por assistentes sociais e empresários.

Como já evidenciamos no primeiro capítulo do presente estudo, o empresariado legitima a ação do Serviço Social, utilizando-se da ideologia "assistencial" na profissão, proclamando uma neutralidade política, cujos parâmetros são dados pela própria empresa. Entretanto, esse pseudodiscurso humanitário, contraditoriamente, não deixa de evidenciar o potencial de negação do trabalhador, no momento em que afirma que o Serviço Social é uma atividade técnica encarregada de lidar com o empregado carente, ao mesmo tempo que facilita o cumprimento da função técnica da empresa.

Parece evidente, pois, que o Serviço Social desenvolve sua prática no interior de uma contradição: o suprimento de carências materiais do trabalhador, de um lado, e a afirmação do poder do capital, de outro lado. Em conseqüência, numa leitura que postule a mudança, o fortalecimento da potencial negação do trabalhador, expressa na imposição de ter suas necessidades supridas pela empresa, poderia constituir uma importante via de intensificação de luta contra os interesses de exploração e dominação do capital, na medida em que desmistifica a própria origem dos salários indiretos.

Em realidade, porém, os profissionais tendem a justificar sua presença nas empresas como uma exclusiva requisição do capital, tal como dizem os empresários. Ora situam a sua requisição como um processo natural, tanto ao desconhecer as determinações materiais da exploração capitalista, como ao considerar o trabalhador como mero "beneficiário", via salário, do capital, assim, portanto, ignorando o trabalhador enquanto classe social. Ora, negam a requisição do trabalhador, avaliando sua postura por critérios externos à sua prática concreta de vida, e, portanto, também negam a prática de resistência do trabalhador.

Em outros termos, afirmam o trabalhador como indivíduo, como clientela, mas o negam como sujeito de uma relação e, conseqüentemente, como agente suscetível de construir uma prática autônoma ou um projeto de classe alternativo.

Desta maneira, o assistente social vê, em geral, sua própria prática nos limites das "evidências sensíveis" e, em função disso, omite a posição da empresa na dinâmica de uma sociedade de classes, pondo de lado o fato de ela produzir e reproduzir relações sociais, mediante, inclusive, controle político e ideológico na esfera da produção.

Isso, contudo, não deixa de ser reconhecido pelo trabalhador, na medida que vê, na sua condição de carente, uma circunstância coletiva que a empresa, enquanto compradora e exploradora da sua força de trabalho, é obrigada a suprir, expressando, inclusive, sua compreensão acerca das intenções deste suprimento.

Vale dizer que, embora necessidades reais dos trabalhadores sejam reconhecidas e atendidas pela empresa, tal atendimento não deixa de ser percebido como um mecanismo de dominação política que se consubstancia, principalmente, na divergência de interesses de quem proporciona e de quem consome os serviços sociais.

Na prática convencional, o Serviço Social tem-se dado a conhecer como uma ação que medeia interesses do capital junto ao trabalhador, tendo por pano de fundo a função de "administrar" a desigualdade social das classes, o que atende plenamente às exigências da empresa, cujo interesse maior é, sem dúvida, a manutenção da desigualdade como condição de dominação.

Neste sentido, podemos dizer que, para a construção de uma nova prática profissional do assistente social, é necessário, primeiramente, negar a prática convencional, baseada no desconhecimento do "potencial negador" da classe trabalhadora. Para isso, é necessário apreender concretamente a desigualdade social através de seus determinantes principais, bem como as formas e mecanismos de dominação de uma classe sobre outra.

Tomando tal proposta como um dos argumentos básicos do presente trabalho, entendemos, por isso mesmo, que, apesar de ser requisitado institucionalmente, o Serviço Social pode responder também a uma requisição potencial dos trabalhadores, desde que sua perspectiva de ação seja respaldada na ação negadora do trabalhador que, ao vivenciar a desigualdade na empresa, obrigando-a a suprir suas necessidades, já nega potencialmente a dominação.

Desse modo, para assumir um projeto de ação transformadora, o Serviço Social terá que, em cima das requisições que deram origem à sua presença nas empresas, compreender também que sua ação pode negar a dominação, na medida que assume com o trabalhador a tarefa de construir um projeto político alternativo que não se restringe ao âmbito localista da empresa.

Esta inversão do nexo da requisição da prática, contudo, depende das condições objetivas, da consciência social dos seus agentes e do grau de relativa autonomia técnica da profissão. Por isso mesmo, a prática profissional, além da atualização objetiva que sofre no processo histórico, requer também uma constante atenção por parte do sujeito da profissão em termos de redefinição política de sua intervenção.

A partir da hipótese fundamental deste trabalho, isto é, a possibilidade de o Serviço Social negar a requisição do capital, aderindo ao projeto político da classe trabalhadora, tentamos resgatar a construção da prática profissional como uma condição para apreender e negar os produtos da prática vigente.

Para tanto, a pesquisa empírica nos permitiu, de um lado, identificar como a empresa maneja e manipula as necessidades do trabalhador, resultantes da desigualdade social, e sob que aspectos chama o Serviço Social para "colaborar": por outro lado, permitiu-nos também perceber como o Serviço Social responde a tais requisições, isto é, se dirigidas por uma relação de identidade com a empresa, ou se vigilantes às necessidades do trabalhador, enquanto classe dominada e negadora potencial do sistema. Em outros termos, o Serviço Social que afirma ou nega sua organicidade com o capital, nos limites de uma prática histórica determinada.

Trabalhamos com dois universos de atuação: requisições e respostas. Com o primeiro, procuramos resgatar a problematização que as classes fazem das necessidades dentro dos parâmetros da convivência entre capital e trabalho, enquanto relação de dominação/subordinação. Com o segundo, procuramos identificar as referências teórico-práticas da profissão, situadas nos limites dos interesses antagônicos das classes requisitantes.

Entendemos que as fronteiras da determinação histórica das necessidades (que a empresa denomina de "objeto da ação do Serviço Social") firmam-se a partir do nexo existente entre o avanço do capital industrial, o aperfeiçoamento da função técnica da empresa e sua participação nos pactos de dominação, objetivados nas alianças com o Estado.

Este nexo, acreditamos, nos aponta a emergência de alguns determinantes históricos que caracterizam a empresa como requisitante institucional da prática do Serviço Social, proporcionando legitimidade à sua "função assistencial".

Dentre aqueles determinantes, destacamos como mais significativos:

— criação, apropriação e gerenciamento de serviços sociais na empresa capitalista, dirigidos para empregados e seus familiares, como forma da privatização da assistência social;

— institucionalização da dominação política do capital, via aparelhos de Estado, corporificada nas leis, nas entidades assistenciais públicas, nas políticas sociais, econômicas e financeiras, como expressão do engendramento de estratégias de manutenção da hegemonia da classe capitalista;

— legitimação da pobreza como artifício da administração da desigualdade social de classe, presente na figura do "trabalhador-carente", que, por vender sua força de trabalho, merece assistência social.

No entanto, estes fatos, já explorados no estudo, só adquiriram sentido na relação dialética entre a estrutura e as conjunturas de uma formação social, como fenômenos lidos através das sinalizações fornecidas pela determinação econômica e pela força ideológica no processo de produção e manutenção das relações sociais existentes.

Neste sentido, entendemos que o resgate da determinação das necessidades vem demonstrar que, embora seja requisitante da ação do assistente social, a empresa é tão-somente uma instituição que, situada na sociedade capitalista, produz e reproduz relações sociais no interior do jogo de forças entre as classes. Deste modo, mediante o resgate das determinantes é que se tornou possível ultrapassar o nível fenomênico das necessidades extrapolando o âmbito localista da empresa, e estabelecer vinculações entre os "problemas sociais" do trabalhador e os projetos políticos das classes.

O FEITIÇO DA AJUDA

Por esta razão, entendemos que, para além do que é justificado como necessidades — objeto da ação do Serviço Social —, a empresa capitalista, em realidade, requisita o assistente social ao criar serviços destinados ao atendimento das necessidades tanto de *reprodução material e espiritual da força de trabalho* como de *controle das formas de convivência entre empregados e empresa*. Tal postura decorre da compreensão de que as necessidades apontadas, embora nascidas no terreno da produção material, são, antes de mais nada, conteúdo de manejo ideológico, ao serem, como já nos referimos, objeto tanto de dominação de uma classe como de submissão de outra classe. Este entendimento, sem dúvida, nos permite falar da função da empresa na produção e reprodução de relações sociais, bem como do seu oposto, isto é, a possibilidade de sua negação, se invertido o processo em função da libertação dos trabalhadores. Ou seja, se considerada a postura de negação do trabalhador como possibilidade histórica de construção de outra ideologia e de outro projeto de classe.

Desta forma, os serviços sociais, criados para atendimento de necessidades concretas, implicam uma dupla significação, vale dizer, tanto podem fortalecer a reprodução como a mudança das relações sociais, dependendo da opção política dos agentes e das condições objetivas existentes.

Retornando à questão da determinação das necessidades, foi possível, igualmente, observar como a empresa as apresenta, tanto para os assistentes sociais como para os trabalhadores. Exercitando estrategicamente seu domínio, o capital, na busca do consenso necessário à afirmação do seu projeto político de dominação, acata as necessidades do trabalhador, metamorfoseando-as sob os títulos de "carências" e "comportamentos da pobreza", que interferem na produtividade.[5] Como coloca Miriam Limoeiro, é possível dizer que "a ideologia da classe dominante resolve, no plano ideológico, o seu duplo problema de promover a expansão do sistema e da integração das outras classes", ou seja, na medida em que trata a pobreza como

---

5. Nestes termos é que se configura a necessária relação de identidade entre objetivos profissionais e empresariais, onde se pode localizar o que chamamos de construção de um "Serviço Social empresarial", inclusive contando com a adesão do aparelho formador e das entidades assistenciais do Estado.

um "estado de coisas", descaracterizando as requisições do trabalhador. (Cardoso, 1978: 80).

Ao perseguir seu projeto político — preservação e avanço da dominação —, a classe dominante "transmuta" os fenômenos, institucionalizando formas de problematização que passam a ser assumidas como verdades "culturais". Lembramos, por exemplo, as expressões "filosofia humanista" e "espírito colaborador", como argumentos referidos pela empresa para justificar sua ação assistencial — o que, sem sombra de dúvida, favorece o consenso ideológico acerca das formas de manipular as necessidades, fato que se torna evidente quando os assistentes sociais definem sua ação como promocional, seja ela um reforço à adaptação ou até à repressão do empregado.

Nesse sentido, aliás, é importante destacar que a organicidade do assistente social se delineia, principalmente, quando ele coloca o trabalhador como um mero receptor "passivo" da assistência da empresa, afirmando ainda que seu trabalho beneficia o empregado e a empresa, acreditando que as relações entre capital e trabalho são complementares, e não contraditórias.

Ora, dando legitimidade a um Serviço Social empresarial, porque regido pelas regras da classe dominante, que se faz representar pela empresa, o assistente social pensa servir a um determinado empregador, esquecendo que, com isso, adere também ao projeto de uma classe — a capitalista. O mesmo raciocínio aplica-se ao empregado que, antes de ser "o contratado da empresa", é membro de uma classe.

Neste sentido, a problematização da empresa se corporifica "também" em função da adesão ideológica dos seus funcionários-técnicos e do respaldo dos aparelhos político-institucionais, dentre os quais se destaca a ação do "aparelho formador" — a escola formal — e das entidades assistenciais do Estado e da Igreja. No primeiro, encontramos a questão do conhecimento produzido, acumulado e transmitido como elemento primordial para a veiculação e institucionalização das idéias dominantes, a título de um saber científico e, portanto, autorizado socialmente. Nos segundos, localizamos a função de veiculador da filosofia e política da "carência", de que o capital se apropria e lapida diante de suas intenções particulares, como faz a empresa ao transformar em altruísmo do capital o que seria objeto de um confronto. E, mais ainda, ao defender a neutralidade técnica do assistente social, transfigura a questão política da ação em termos de "racionalização e equilíbrio", necessários à administração de benefícios e conflitos, enquanto filosofia da empresa.

Por outro lado, ao se utilizar de idéias que devem ser e, de certa forma, são assumidas como referencial da profissão, a empresa confere legitimidade ao objetivo da "promoção humana". E aí promoção significa, para a empresa, tanto partilha de custos de benefícios, a título de evitar doações paternalistas, como prevenção e/ou controle de conflitos, a título de conscientização de papéis. Razão por que podemos afirmar que a empresa, ao direcionar o processo de manipulação de necessidades, certamente só o faz pela adesão ou pela coerção junto a quem participa da sua prática. Entendemos que, pela especificidade do Serviço Social, sua inclusão estaria na esfera da adesao, reforçando a integração da classe dominada ao projeto dominante, ao tentar estabelecer uma relação de identidade entre objetivos da profissão e da empresa, frente a um *único* objeto de ação.

Entretanto, como parece demonstrar o discurso dos trabalhadores, anteriormente analisado, as ações assistenciais não conseguem inibir as manifestações da sua consciência de classe, nascidas-no terreno da sua experiência quotidiana na empresa.

Ainda que difusa, oscilando entre a sensação da utilidade imediata da assistência e da aparente imutabilidade histórica da sua situação de carência, o trabalhador denuncia sua exploração quando afirma que, para produzir, a empresa precisa dele e que ela só tem a força de trabalho disponível se der condições para a mesma ser reproduzida. Além disso, contrariando a representação, tanto do empresariado como de alguns assistentes sociais, o trabalhador denomina a "promoção" e o "humanismo" de *ajuda*, no sentido *estrito* de sua utilidade imediata, ao mesmo tempo que informa o preço que paga pela mesma, vale dizer, acatar orientação dos que "sabem" e dos que dominam.

Neste sentido, a problematização do trabalhador, mesmo permeada da ideologia dominante, expressa, sem dúvida, um potencial negador do sistema.

Na realidade, a empresa diz o que precisa ser suprido para garantir a reprodução da força de trabalho: a saúde, a educação, o lazer;

e o que deve ser controlado para assegurar uma convivência sem conflitos: as faltas, a indisciplina, os conflitos interpessoais — o que confirma o depoimento do trabalhador. Para isso, como já dissemos, age concomitantemente em dois planos, intimamente ligados: na *problematização*, reproduzindo idéias e na *intervenção*, gerindo serviços, diante de uma realidade concreta — situações que interferem na produtividade da força de trabalho.

A empresa caracteriza as interferências na produtividade em duas ordens de significações: carências materiais e comportamentos divergentes, ambos entendidos como situações típicas do trabalhador carente, propondo-se a tratá-las através da criação de serviços sociais e passando a construir uma ideologia assistencial.[6]

Neste sentido, a empresa elege uma filosofia que, em princípio, deve ser resultado de uma manipulação acerca da existência de necessidades concretas dos trabalhadores, mas que deve aparecer como representativa de interesses gerais, isolando qualquer elemento que demonstre claramente o manejo ideológico, em proveito, é claro, da acumulação do capital.

Daí por que, ao denominar sua filosofia assistencial de "humanista" e "voluntarista", a empresa dá conta das imposições que coloca para o Serviço Social, como requisitante institucional. No "humanismo", afirma a neutralidade política, dizendo-se supridora das "omissões" do Estado de bem-estar, mas esquecendo de dizer que conta com o Estado tanto para repartir custos de seus programas como para apoiar sua política. No elemento voluntarista, a empresa tenta negar a pressão exercida pelos trabalhadores para o suprimento de suas necessidades.

Estes elementos, que falam pela ideologia assistencial da empresa, retratam, na verdade, a negação da força política da classe

---

6. "Não significa que as políticas sociais correspondam sempre e estritamente aos Interesses dominantes, mas apenas que, manipuladas dentro de certos limites, elas não ameaçam a estrutura do poder, e como tal adquirem sua potencialidade de utilização no processo político. Tal potencialidade — e, colocando o Estado no centro do processo — acresce-se do fato de que incorporando efetivamente, em sua função de controle do desenvolvimento de antagonismos políticos, interesses imediatos das classes dominadas (...), o Estado reveste mais facilmente o caráter de entidade representativa dos interesses coletivos." (Cf. Donnangelo e Pereira, 1976: 45)

dominada (diríamos, o esforço de negação), consubstanciada, principalmente, no conceito de pobreza, aspecto que nos parece vital para o entendimento do manejo da desigualdade social. Como coloca Dannangelo,

> o processo amplo de controle dos antagonismos, visando mantê-los dentro de limites compatíveis com a reprodução da estrutura, expressa, em sua dimensão ideológica mais geral, a ênfase na unidade social negadora da existência da diferenciação básica entre as classes, identificadas no plano das relações de produção. Essa ênfase, todavia, não é incompatível com o reconhecimento e mesmo a justificativa da desigualdade no plano da distribuição de bens (...) ou ainda com o acionamento de mecanismos capazes de garantir a elevação dos níveis de consumo. Mas trata-se, já então, de uma desigualdade que não se refere às fontes de obtenção da renda — trabalho ou propriedade — e sim ao seu montante de consumo, e, por essa forma, a perspectiva se desloca da contradição para a hierarquização das categorias sociais segundo um quantum de consumo. (Donnangelo, 1976: 43-4)

É dentro desta colocação que a pobreza se torna um conceito útil à empresa, por se referir, basicamente, a um perfil de carências e não a uma condição e situação de classe. Com esse fundamento conceitual, a empresa constrói e operacionaliza uma filosofia assistencial mediante prestação dos serviços sociais, cujas dimensões é preciso destacar: a política, como instrumento objetivo de reprodução das relações sociais, o que retrata uma forma de intervir sobre a desigualdade, diga-se, junto à pobreza do seu empregado; a técnica, enquanto um conjunto de atividades exercidas por um profissional especializado e caracterizadoras de um campo legitimado da ação do assistente social.

Do ponto de vista político, temos pontos vitais para assegurar uma ação mantenedora: os problemas sociais como patologias da pobreza, a veiculação de valores da dominação a título de assegurar direitos e deveres, e a ação promocional. Nos problemas sociais é que a pobreza adquire maior "realce". Tanto é indicadora de um nível espiritual como material de vida e os trabalhadores são, então, catalogados pelo que possuem e pelo que pensam. Sob o nível de vida, escamoteia-se a participação, principalmente, dos baixos salários na determinação do consumo do trabalhador e sua família, passando eles a fazer parte do rol dos indicadores da pobreza, pela institucionalização, com a aliança do Estado, da exploração do trabalhador, na medida que se dissocia o valor da força de trabalho da reprodução material e se "joga" com uma relação contratual. E aqui o Serviço Social dará boas contribuições, falando das causas "estruturais" da pobreza, para dizer que elas são anteriores à empresa.

Por outro lado, a pobreza garante a negação de uma classe, enquanto potencial negador/transformador, reduzindo-a a uma descrição de carências. Na realidade, esta argumentação, dentre outras, tem utilidade vital para garantir a dependência do trabalhador face aos chamados salários indiretos que, com certeza, não alteram os lucros da empresa, em virtude de os custos serem repartidos com o Estado e, mais diretamente, com o próprio trabalhador.

Desta forma, a empresa transforma o que é objeto de luta em objeto de uma mera ideologia assistencial-empresarial, a que chamam de "promoção do trabalhador". Por isso mesmo, a denominação "empregado nordestino carente" é de todo conveniente para esfacelar o aspecto coletivo da questão e afirmar o caráter patológico e principalmente individual dos problemas sociais, definindo, em conseqüência, a natureza dos serviços como fato eventual, ou conjuntural, e não como corolário da própria situação de explorado do trabalhador.

É evidente que, para manter a supremacia dos salários indiretos sobre o valor da força de trabalho, a empresa sabe que os serviços sociais não podem se identificar como uma contraprestação de serviços concretos, o que, no caso, significaria não somente legitimar a negação do trabalhador como também incorporar, juridicamente, tais serviços ao preço da força de trabalho.

Na realidade, os custos dos serviços sociais devem ser entendidos como parte dos custos da força de trabalho, desde que eles são necessários para manter ou aumentar o nível de produção e de produtividade do trabalhador. Tal fato é reconhecido, quase que sem contestação, inclusive pelas contabilidades empresariais.

Entretanto, a empresa se apropria ideologicamente de tais custos adicionais, definindo-os não como parte do salário devido e não pago, mas como ajuda a situação de carência do trabalhador, sobre o qual ela não se sente diretamente responsável. É, pois, a ideologia da finalidade social da empresa, consubstanciada na "ajuda" ou na "promoção do homem", que é exercida e que, sem dúvida, escamoteia a super-exploração da força de trabalho, concretizada nos baixos salários.

Assim, a operacionalização dos serviços sociais evidencia, também, a utilização que a empresa faz do conceito de igualdade jurídica para dizer que não tem "obrigações" de prestar assistência ao trabalhador. De um lado, pois, admite-se a não-obrigatoriedade jurídica da empresa de prestar serviços ao seu empregado e, de outro, se reconhece o proveito que ela tira ao oferecê-los.

Em outros termos, a empresa caracteriza os problemas objeto dos serviços sociais nos parâmetros da normalidade fornecida pelas leis que regulam a comercialização da força do trabalho, competindo-lhe, juridicamente, tão-somente pagar salários e algumas "obrigações sociais", caracterizando os serviços sociais próprios como uma ação "voluntária".

Contudo, para o trabalhador, a questão parece mais complexa. Ao receber os benefícios, ele assume deveres como gratidão e moral de reconhecimento, que devem se concretizar no aumento da produtividade e na disciplina do trabalho, embora tal contrapartida seja, aparentemente, proclamada como "resposta" que favorece, de igual maneira, a empresa e o empregado — uma lucra mais, o outro mantém o mesmo baixo salário.

Nesse processo, o Serviço Social se apropria da ideologia liberal burguesa para fazer seu trabalho de intermediação entre o capital e o trabalho. O fundamento deste discurso é fornecido pela necessária veiculação da ideologia da igualdade e liberdade civil, consagrada desde pelo menos a Revolução Francesa. (Cf. Soboul, 1964: 152-4)

Na verdade, porém, o princípio da igualdade e da livre iniciativa, do ponto de vista da burguesia triunfante, assegura o direito de ser opressor, concretizado na propriedade privada dos meios de produção e na desigualdade de distribuição e participação do excedente social.

Tais são, portanto, as categorias ideológicas que a hegemonia dominante procura assegurar mediante a adesão — inclusive dos intelectuais —, quando não pelo uso da força.

Tais fundamentos são, aliás, totalmente ignorados pelos assistentes sociais, que defendem a "promoção humana" enquanto desenvolvimento de potencialidades em desiguais condições de oportunidades e que se engajam na defesa que a empresa faz da relação complementar entre capital e trabalho na esfera da produção.

Para o trabalhador, no entanto, antes de tal relação ser complementar, ela é gritantemente contraditória e, como tal, percebida até mesmo na simples constatação de que nem sequer suas carências básicas são atendidas. Mais ainda, tal complementação é dialeticamente negada no ato mesmo de se tornar um cliente do Serviço Social na empresa.

Em razão de tais posturas, o capital exige que o assistente social use sua racionalidade e técnica para "adaptar o inadaptado", "envolver os desinteressados", "ajudar os carentes", legitimando a, ideologia do "humanismo voluntário", através de sua aceitação pelo trabalhador.

É neste sentido que os serviços sociais são atividades que precisam ser operacionalizadas por um técnico, respondendo a uma requisição empresarial, de forma a afirmar, estrategicamente, a dominação política da classe capitalista.

Em realidade, pode-se afirmar que o assistente social é requisitado para atender uma exigência técnica, legitimando seu lugar no atendimento de carências materiais e na orientação de comportamentos divergentes que interferem na produtividade da força de trabalho, via execução de programas assistenciais.

Embora a manipulação da desigualdade seja o foco de intervenção do Serviço Social, nem por isso a questão profissional se esgota ou se justifica; fundamentalmente, neste tipo de constatação.

Entretanto, é exatamente a dimensão e complexidade das manifestações da desigualdade que determinam a construção das práticas profissionais mais comuns e que, por isso mesmo, formam o tom do ideário do Serviço Social tradicional. Se, em princípio, se pode falar da existência de benefícios assistenciais e de formas de repressão sobre comportamentos como práticas historicamente construídas para atender a prerrogativas da dominação capitalista, por outro lado se pode dizer que o Serviço Social entra no cenário por razões que respondem a prerrogativas técnicas e que nada mais são do

O FEITIÇO DA AJUDA

que uma forma de utilização das estratégias políticas de dominação do capital, frente à necessidade de manejar a desigualdade.

Como demonstrou o discurso dos sujeitos, o assistente social pode ser definido como um profissional que reúne as qualidades de quem "ajuda tecnicamente os indivíduos". (Ver cap. III).

Nestes termos, a base da qualificação vai ser localizada no ideário profissional, crivado de concepções teóricas e de princípios que, no caso específico, apontam para uma "teoria" empresarial, na qual o código "promoção humana" é tanto álibi para o indivíduo desenvolver suas potencialidades, para melhor atender ao capital, como igualmente para saber conviver com sua carência, ou para aprender as regras da boa conduta, sob o manto protetor da neutralidade política do Serviço Social.

Ou, ainda, como melhor dividir socialmente os custos da reprodução da força de trabalho, sejam custos financeiros (diretos), mediante critérios de participação financeira do trabalhador e/ou operacionalização de programas do Estado, sejam custos vistos como aplicação de recursos, que permitem um retorno quando trazem moral de reconhecimento do trabalhador para com seu empregador.

Proclamado como especialista em carências da pobreza, principalmente por teorizá-la de forma a manter a desigualdade e tratá-la dentro do parâmetro da eficiência, o assistente social firma seu lugar na empresa.

Entretanto, no momento em que o assistente social se firma e se legitima na empresa como um técnico, ou, em outras palavras, como um elemento humano necessário e objeto do processo produtivo, ele também, pelo mesmo processo, se defronta com sua própria contradição, isto é, sua condição de assalariado, participando, pois, como pólo negativo e contraditório da relação dialética entre capital e trabalho.

Pela sua inserção, portanto, na mesma condição de classe trabalhadora — não importando o tipo ou a qualidade de sua intervenção no processo produtivo — é que poderíamos vislumbrar os caminhos para a construção de uma nova prática para o assistente social.

Por outro lado, é preciso destacar que a empresa, como representação institucional do capital, evidencia sua ação dentro de um jogo de forças, reconhecendo que sua função técnica — gerenciar capital e trabalho — só é cumprida mediante ações de natureza essencialmente política. Ou seja, é preciso considerar a condição material e espiritual da força de trabalho, transformando-a num objeto de ação da gerência científica que visa a cooptação de uma classe pela outra, em geral via ação dos intelectuais, a título de uma cultura técnica, como exigência para, dada sua certeza do potencial negador do trabalhador, escamoteá-lo na prática.[7]

Neste caso, o Serviço Social tradicional avança na sua tradição positivista, ao assumir a verdade da empresa quando, em função da sua especificidade institucional (reparar carências do empregado) e de sua condição de assalariado, vivencia na prática, embora por vezes não assuma, a expressão da negação do trabalhador, isto é, sua condição de classe.

Conseqüentemente, coloca-se a possibilidade objetiva de se conhecer o verdadeiro papel do assistente social na empresa construindo-se, a partir da negação do estabelecido, uma outra ótica de pensar sua prática, ao se identificar como parte da totalidade representada pela classe trabalhadora.

Nestes termos, pode-se fazer algumas inferências sobre as colocações dos assistentes sociais, considerando, antes de mais nada, a heterogeneidade do discurso produzido, quando lido em relação à organicidade com o capital ou com o trabalhador.

Em realidade, a prática vem demonstrando que o objeto da ação do Serviço Social são as situações que interferem na produtividade da força de trabalho. Neste sentido, é necessário destacar a problematização feita pelos assistentes sociais acerca da realidade na apreensão de tal objeto.

Ora, é afirmado que a prática se constrói quando, mediante requisições, a profissão se articula internamente para respondê-las;

---

7. Segundo Gramsci, "os empresários (...) devem possuir a capacidade de organizar a sociedade em geral, em todo seu complexo organismo de serviços (...) em vista da necessidade de criar as condições mais favoráveis à expansão da própria classe; ou, pelo menos, devem possuir a capacidade de escolher os 'prepostos' a quem confiar esta atividade organizativa das relações gerais exteriores à fábrica. Pode-se observar que os intelectuais 'orgânicos', que cada nova classe cria consigo e elabora em seu desenvolvimento progressivo, são, o mais das vezes 'especializações' de aspectos parciais da atividade primitiva do tipo social novo que a nova classe deu à luz". (Gramsci, 1982: 4)

contudo, admite-se a "cultura" profissional construída à base do imediatismo, que transforma as requisições institucionais em verdades, reduzindo a autonomia técnica da profissão a mero *status*, ou seja, a uma simples ascensão vertical da profissão (do leigo caridoso ao técnico contratado), desprezando-se a possibilidade de a profissão construir seu objeto de ação.

Vale salientar aqui a questão ideológica que permeia o conhecimento produzido pelo Serviço Social, vital no exame da situação. E possível admitir que as "raízes" do Serviço Social tenham deixado muito forte a herança do "operacional", enquanto conhecimento aplicado. Como afirma Marcuse,

> a adoção do ponto de vista operacional abrange muito mais do que a restrição do sentido dos conceitos, significa uma interferência no nosso hábito de pensar (Marcuse, 1979: 174).

por não mais nos permitir instrumentar o pensamento com conceitos que não possam oferecer, de frente, uma justificativa transposta para uma operação.

Com efeito, o fato parece ter conseqüências marcantes para a ação, na medida que qualquer discussão que não ofereça respostas práticas, evidentes por si mesmas, são consideradas utópicas e sem amparo na realidade.

Assim, a problematização que fazem os assistentes sociais vagueia entre uma explícita organicidade com o capital e uma "tendência à sua negação". No primeiro caso, quando resgatamos aquelas expressões que definem a relação entre empresa e empregados como complementar e consideram os problemas sociais como uma condição da carência do trabalhador nordestino, sendo portanto, externa à empresa. Ou ainda quando se afirma que os serviços assistenciais são úteis, tanto para empregado como para empregador, admitindose, portanto, uma falsa igualdade entre os dois universos.

No lado oposto, incluímos algumas visões que, embora se referindo às classes sociais em conflito e distinguindo interesses contraditórios entre patrões e empregados, fazem uma leitura da realidade a partir de um suposto perfil "político" do trabalhador, como agente imune e incapaz de construir seu próprio projeto de classe e, portanto, necessitado da "ajuda".

Apesar das distinções apontadas, inclusive, como mostramos pormenorizadamente no segundo capítulo, o produto final de tais visões de realidade termina caindo no lugar-comum das explicações pela via da pobreza e do subdesenvolvimento, principalmente quando se trata do Nordeste, considerando-se a dominação como fato natural, ou então pressupondo a impossibilidade de mudança, tendo em vista uma determinação mecânica da base material.

Por isso mesmo, os assistentes sociais constroem, como limites de suas análises, expressões semelhantes a "imobilismo da classe dominada", "omissão do Estado gestor de bem-estar", "dominação pela via exclusiva da coerção" etc.

Em tal discurso, podemos também localizar os objetivos da ação que, invariavelmente, são construídos sem levar em conta o próprio jogo de forças entre as classes. Sobressaem, portanto, duas linhas de objetivos: a primeira despreza inteiramente o conceito de sociedade dividida em classes que se opõem e, em conseqüência, omite o potencial negador da classe dominada, individualizando o trabalhador na sua mera condição de "empregado"; a segunda, embora considerando a contradição de interesses entre as classes, também despreza o potencial negador do trabalhador pela via das ausências, afirmando uma espontaneidade na construção da ideologia dominada e desconhecendo os obstáculos[8] que permeiam tal construção, bem como a questão da direção, que está presente na relação entre a ação do intelectual e a da massa dos trabalhadores. (Ver Gramsci, 1978b: 138-9).

Neste último caso, as boas intenções não deixam de servir aos objetivos do capital, pela ausência de um nexo explicativo coerente entre teoria e prática, gerando, sem dúvida, uma visão fatalista para a ação profissional nas empresas.

Conseqüentemente, o conteúdo desse discurso crítico da dominação não passou de intenções que defendem a melhoria de vida

---

8. Falando sobre a construção de uma consciência de classe dominada, Miriam Limoeiro argumenta que "a realidade da consciência das classes dominadas não é (...) fácil de ser formada. Embora seu dia-a-dia seja de dominação, esta não se mostra (...)" e complementa: "é a ação no nível político que pode conduzi-las (classes dominadas) ao distanciamento necessário para refletir sobre sua condição". (Cardoso, 1978: 79 e 80)

do trabalhador, o que resulta, no final das contas, na possibilidade de aumentar a produtividade da força de trabalho, interesse fundamental do capital.

Em resumo, apesar da heterogeneidade do seu discurso, o assistente social tradicional trabalha sobre a existência de uma identidade entre os objetivos da empresa e os da profissão, no contexto de uma leitura de sua prática nas empresas, quando se reconhece como objeto da sua ação os problemas que interferem na produtividade, excluindo, a exemplo do empresário, a negação do trabalhador e o caráter político da interferência do Serviço Social.

Com tal postura, o assistente social reforça a "filosofia da humanização" da empresa, que dessa forma não somente assume as rédeas do referencial da profissão, mas também os limites políticos de sua ação.

Nesse sentido, poder-se-ia mesmo dizer que a teoria do Serviço Social tradicional não passa de uma construção derivada da teoria da empresa capitalista.

Deste modo, ao se legitimar, através da descoberta do seu objeto específico, consubstanciada na assistência, ou "ajuda" ao trabalhador-carente, o assistente social nada mais faz do que produzir e aplicar um saber, dentro da estratégia dominante de convivência pacífica entre as classes, descaracterizando, pois, as necessidades e as reivindicações do trabalhador como problemas sociais genéricos e conjunturais, externos à empresa.

E mais ainda, além da produção de um "saber acadêmico" abstrato ou de caráter científico, o assistente social constrói, também, o que poderíamos chamar de um "saber concreto", individualizado, cotidiano, sobre o trabalhador, colocando tais saberes à disposição da empresa que, invariavelmente, transforma-os em "poder" sobre a vida individual do trabalhador. E é dessa forma que, além do poder social, a empresa se apodere de vantagens específicas sobre o indivíduo trabalhador, não somente diluindo a consciência e a organização de classe, mas principalmente, cooptando o trabalhador para o seu projeto.

Conclusões
Esboço de uma proposta

A indagação sobre a possibilidade de se construir uma prática profissional que sirva prioritariamente ao trabalhador norteou as discussões levantadas no decorrer deste estudo.

Presente tal propósito, o resgate da construção da prática profissional, nos limites dos interesses antagônicos das classes, permite-nos afirmar que a ação do Serviço Social, embora tenha origens na negação da situação de classe do trabalhador, tende a afirmar sua identidade com o projeto do capital, ao mediar interesses de classe, quando opera uma ação voltada para as formas de administração ideológica da desigualdade social.

Como coloca Cardoso, "o domínio estrutural se exerce não só diretamente no próprio processo de produção, como também indiretamente, por meio das ideologias dominantes, como sistema de idéias articuladas das classes dominantes que elas são". (Cardoso, 1978: 83). Assim, o Serviço Social pode ser qualificado como uma prática que, ao intervir essencialmente a nível ideológico, expressa no seu discurso e atuação profissional elementos pertinentes à dominação. Enquanto funcionário do capital, o assistente social aprende, explica e trabalha sobre a pobreza, conceituada não como resultado da exploração capitalista, mas antes como uma situação meramente circunstancial, objeto de uma ação promocional, independentemente, portanto, de ser a expressão de uma situação de classe.

Nesta ótica, ao se estudar a prática do Serviço Social na empresa, a ação negadora do trabalhador, enquanto manifestação da sua consciência real, é reduzida a manifestações de comportamentos de pobreza ou a um perfil de apatia política[1] quando, em realidade e contrariamente, o trabalhador é protagonista de uma prática de resistência frente ao poder do capital, cujo conteúdo contestador pode ser identificado até mesmo no fato de ser um simples cliente do Serviço Social na empresa.

Não se pode esquecer que o trabalhador geralmente qualifica a prática do Serviço Social como uma forma de "ajuda", no sentido restrito de minorar dificuldades, sem alterar situações. Além disso, apesar de essa ajuda ter utilidade real para si e sua família, o trabalhador a percebe também como vantagem para a empresa, pela sua eficácia na manutenção/aumento da produtividade da força de trabalho.

Isso significa que o trabalhador não se limita a constatar uma utilidade imediata dos serviços que presta o assistente social. Ao contrário, ele dá uma conotação política ao evento, quando faz referência às intenções da empresa, percebendo, conseqüentemente, o papel mediador do assistente social.

Este dado vem reforçar a "possibilidade de uma autonomia crescente das elaborações ideológicas dominadas, embora, no seu início, elas se vinculem aos sistemas de idéias dominantes e com elas trabalhem". (Cardoso, 1878: 82-3). Mostra, igualmente, a eficácia do nível ideológico, construído na relação dialética entre infra-estrutura e superestrutura, na qual as formas de consciência emergem do interior da contradição.

Visto que o reforço à produtividade é uma expressão concreta de gerir a produção da mais-valia, ao saber que a "ajuda assistencial" permite tal fato, tanto no que toca à reprodução material como à espiritual da força de trabalho, o trabalhador avança na problematização de suas necessidades enquanto objeto de subordinação/dominação de classes.

---

1. Esta leitura expressa, segundo Alba Pinho, uma convicção idealista de que a história muda pela ação da consciência, a qual se supõe ser produzida autonomamente, diluindo e até negando a determinação do econômico. (Cf. Carvalho, 1983: 30-1)

O FEITIÇO DA AJUDA

Por isso mesmo, a despeito das intenções dos assistentes sociais, o trabalhador indica e conceitua a ação profissional como uma atividade auxiliar da administração de recursos humanos da empresa, subordinada aos objetivos desta última, que no seu entender é a obtenção de lucros.

Com tal assertiva, o trabalhador ultrapassa o mundo do sentir e esboça elementos de reflexão, que contêm criticidade, já identificando, embora a nível imediato, as determinações da prática do assistente social.

Partindo de situações concretas, como, por exemplo, a inibição do espaço de ação do assistente social na empresa,[2] o trabalhador elabora justificativas acerca desses limites e conclui que a condição de "empregado" do assistente social é uma variável determinante de sua submissão às exigências da empresa.

Neste sentido, o trabalhador, salvo raras exceções, não evidencia a convicção de ter no assistente social um intelectual a serviço de seus interesses de classe, apesar de qualificar o técnico da assistência social como um trabalhador sujeito às regras do capital e, portanto, um igual participante da classe despossuída dos meios de produção.

Entretanto, para o trabalhador, a empresa contrata o assistente social como profissional da "ajuda ao empregado carente" e, por isso, antes de pensá-lo como aliado, considera-o como mais um auxiliar do patrão.

Esta problematização caracteriza, de fato, uma forma de resistência à classe dominante, porque, dialeticamente, o trabalhador se apropria de um mecanismo de reforço à dominação, transformando-o num instrumento para o desnudamento da realidade, fato que significa um conteúdo contestador dentro de sua prática, alicerçando a construção de idéias da classe dominada. Tal fato se consubstancia justamente no esvaziamento de um proposta de "promoção social", ou mesmo na comprovação viva de que um auxílio não altera a vida do trabalhador e sua família. A percepção de idéias e de atitudes negadoras, portanto, vem confirmar o fato de que o

---

2. Os trabalhadores falam da não-interferência dos assistentes sociais em questões de salário, demissões e sanções a nível de decisão.

domínio ideológico não se exerce integralmente sobre uma classe. (Cf. Cardoso, 1978: 82).

Nestes termos, o que pensa e expressa o trabalhador, tanto sobre sua situação de classe, como sobre os mecanismos utilizados pelo capital para manipulá-la — nos quais se inclui a ação tradicional do Serviço Social —, deve ser considerado como elemento da prática política da classe trabalhadora, desde que ao fator espontaneidade se alie a direção política comi momento necessário à formação da vontade coletiva na construção de outro projeto social.[3]

Como coloca Alba Pinho,

> é preciso partir da consciência espontânea das massas, procurando dirigir essa espontaneidade, trabalhando o núcleo do bom senso no sentido da formação de uma nova concepção de mundo, do desenvolvimento de uma consciência política coletiva, enquanto consciência atuante que unifique pensamento e ação. (Carvalho, 1983: 58).

Dentro desta colocação, sem dúvida, é que localizamos a possibilidade de o Serviço Social servir ao trabalhador, fornecendo-lhe os elementos de reflexão[4] que lhe permitam sobrepor, às ideologias do senso comum, o bom senso, na construção de um projeto político comum de classe. (Cf. Gramsci, 1979: 18).

Em tal proposição, consideramos a possibilidade histórica da atual existência do Serviço Social na empresa, tomando-a como uma

---

3. Fundamentada no pensamento de Gramsci, Alba Pinho afirma: "A espontaneidade é representada pelos movimentos de massa que se formam através da experiência cotidiana esclarecida pelo 'senso comum', isto é, pela concepção tradicional do mundo (...) A espontaneidade é característica da história das classes que ocupam um lugar subalterno na sociedade e, como tal, condicionado pela ideologia dominante (...) O núcleo do bom senso, no interior dessa concepção do mundo dispersa do senso comum, expressa o mínimo de reflexão própria das massas nos seus movimentos espontâneos, configurando um esboço de pensamento particular, próprio, que precisa ser articulado, unificado, através do elemento de direção. (...) Assim o processo de organização de classe se funda na dialética espontaneidade/direção". (In: Carvalho, 1983: 56-7)

4. Alba Pinho, discutindo a ação do intelectual, coloca: "Seu trabalho é, pois, eminentemente educativo e, como processo educativo das massas, se dá no processo de desenvolvimento da ação coletiva assumida pelas massas na sua luta política". (In: Carvalho, 1983: 61)

estratégia política, respaldada no "privilégio" que tem o assistente social de conviver com o cotidiano do trabalhador, desde que assumindo um novo objeto de sua prática profissional, isto é, utilizando o acompanhamento e tratamento das "carências" como um reforço Ao potencial negador do trabalhador, identificando, portanto, a pobreza como resultado direto da exploração capitalista, vivenciada concretamente na empresa, embora nela não se resolva.

Neste contexto, entendemos que a consciência social de classe do agente determina, em grande medida, o encaminhamento concreto da sua apreensão da realidade, a partir de um quadro referencial-teórico coerente e lastreado na articulação da profissão, para responder, dentro dos limites históricos existentes, à requisição potencial do trabalhador, enquanto negação política das exigências do capital.

Neste sentido, propõe-se uma postura política para a ação profissional, que não se defina por uma exclusiva rearticulação interna e formal do Serviço Social, mas antes por um movimento que, embora reafirmando a profissão, incorpore na sua problemática fundamental a defesa dos interesses dos trabalhadores, e junto com estes colabore na construção de um mesmo projeto de classe. Sua prerrogativa, pois, deve ser uma prática não tradicional subordinada à luta da classe trabalhadora.

Assim, para o engendramento de novas estratégias de ação, que inclusive extrapolem o âmbito localista da empresa, seria necessário refletir sobre alguns pontos de partida:

— a superação da relação apenas formal entre empregado, empregador e empresa, enquanto espaço de problematização da intervenção, situando-a na relação concreta de exploração do capital sobre o trabalho;

— a construção e consideração de um quadro analítico que leve em conta o trabalhador como sujeito das relações sociais, ultrapassando, portanto, sua representação formal-institucional de empregado da empresa;

— a identificação das intenções da prática tradicional, tendo como base a análise da organicidade assistente social & patronato, como condição para assumir seu oposto, rompendo a postura de "conselheiro" na medida em que se assume como parte da classe trabalhadora. Isso, de fato, exige afirmar as relações entre profissão e prática política, definindo-se o profissional antes de mais nada como trabalhador qualificado como assistente social."

Nestes termos, postula-se a necessidade de assumir o movimento do real sobre a profissão na medida que a sua identidade não se dá, exclusivamente, pela via do saber profissional. A ideologia da homogeneidade da profissão, portanto, deveria ser substituída pela compreensão da opção política dos agentes, tendo por base o fato de que o assistente social, na empresa, é antes de tudo um trabalhador, também subordinado e explorado pelo capital. Na verdade, não podemos nem queremos negar a necessidade histórica que gerou o caráter assistencial da profissão; pretendemos, isto sim, que ele seja assumido apenas como uma circunstância histórica, ainda presente na prática cotidiana, para resgatá-lo não como "ajuda", mas como uma forma de identificação com a classe trabalhadora.

Aqui, o assistente social é visto, primordialmente, como um trabalhador, sendo sua especificidade profissional considerada uma circunstância histórica, dentro da divisão técnica do trabalho.

Desse modo, afirmamos a idéia de que não é a condição de ser um profissional que lida com o empregado carente que poderia gerar espontaneamente uma consciência política. Ao contrário, nossa argumentação se vincula, essencialmente, à posição do agente numa sociedade de classes, em que o fato de ser um empregado do capital implica, necessariamente, colocar-se no lado oposto de uma relação contraditória, que se resolve no âmbito da luta de classes.

Em suma, a potencial negação do trabalhador é um prenúncio da possibilidade objetiva de construção de uma ideologia dominada para avançar na luta política em busca de uma transformação, onde a variável — o que pensa o trabalhador acerca da sua prática — indica as protoformas de uma consciência questionadora da ordem social estabelecida.

Finalmente, a nosso ver, a consideração do potencial pegador do trabalhador como a real e verdadeira requisição a que o assistente social deve responder, constitui a principal, senão a única, determinação para a construção de uma nova prática do Serviço Social.

Posfácio

Do feitiço da ajuda à fábrica de consensos

Angela Santana do Amaral*
Monica de Jesus Cesar**

Nos idos de 1985, quando da publicação da primeira edição do *O Feitiço da Ajuda*, uma geração de estudantes saía da Universidade sob a influência e orientação de um novo currículo no curso de Serviço Social. Currículo este que foi um marco histórico na formação de assistentes sociais do país, posto que colocava à profissão o grande desafio de entender a sociedade brasileira no contexto dos processos econômicos, sócio-históricos, políticos e culturais que se desenvolviam após um longo período de ditadura militar que teve repercussões expressivas no processo educacional[1]. As experiências "demo-

---

* Doutora em Serviço Social pela ESS/UFRJ e Professora Adjunta do Departamento de Serviço Social da UFPE.

** Doutora em Serviço Social pela ESS/UFRJ e Professora Adjunta da Faculdade de Serviço Social da UERJ.

1. Como recupera o professor José Paulo no seu livro "Ditadura e Serviço Social. Uma análise do Serviço Social no Brasil no pós- 64 ", tão logo a resistência democrática e o movimento popular, a partir da segunda metade dos anos 70, retomam a ofensiva, emerge um conjunto de contradições reprimidas desse processo. Nas suas palavras,

cratizantes" do Serviço Social, a exemplo do que foi o Método BH [2], em meados dos anos 70, são a prova da recusa da profissão em dar seguimento às atividades de caráter tradicional, empiricista, tecnicista que caracterizavam o Serviço Social e que davam amparo à ordem societária burguesa dominante, com destaque para o seu projeto de "modernização conservadora".

A profissão, que historicamente dialogou com os processos derivados da dinâmica capitalista monopolista pós-64, dava, nesse período, um salto qualitativo na direção de redimensionamento da sua prática profissional. Na realidade, alguns elementos demonstram que o processo de renovação e rearticulação de forças que se operava na sociedade brasileira, tendo como protagonistas o movimento operário-sindical e outros sujeitos sociais que seriam os *germes* das lutas sociais que se estenderiam por toda a década de 80, também se espraiava no interior da profissão.

Um desses elementos refere-se à formação/consolidação de quadros profissionais que, de modo competente e com referencialidade à teoria social marxiana, elaboravam a crítica ao modelo de desenvolvimento econômico desigual e concentrador, imposto pelo projeto ditatorial, e às suas formas de enfrentamento às expressões da questão social. Com isso, os profissionais não só passaram a fazer análise de conjuntura orientados por elementos macroscópicos que pensam a produção e reprodução social como uma totalidade, como a identificar o caráter classista que marca a intervenção estatal e, portanto, puderam compreender a profissão como parte de uma dinâmica contraditória que, ora participa das iniciativas que reproduzem as relações sociais dominantes, ora contribui para atender às

---

"..."a política educacional da ditadura não impediu nunca que a resistência democrática conservasse áreas sob a sua influência, mesmo que extremamente restritas, nem jamais obteve sucesso no seu esforço para conquistar, nesse terreno, um patamar mínimo de legitimação e consenso ativo" (1991: 64-5).

2. Não podemos negar a importância que teve o chamado Método BH para a crítica e recusa às práticas tradicionais e assépticas dominantes no Serviço Social até meados dos anos 70. Mas, a preocupação dos seus formuladores em imprimir à profissão o caráter de um projeto alternativo ao tradicionalismo, não teve, do ponto de vista teórico-metodológico, o rigor necessário para aportar a profissão de um arcabouço que expressasse, nas palavras de Netto (1991: 288), "as mediações necessárias entre profissão e sociedade".

necessidades históricas das classes trabalhadoras, no interior da racionalidade capitalista.

Esta compreensão, resultado de um rigoroso acúmulo teórico-metodológico também é adensada por um robusto processo político do qual participam expressivas parcelas da categoria profissional. A nosso ver, não seria possível a ruptura com as práticas "tradicionais" do Serviço Social e sua conseqüente aproximação com os interesses das classes trabalhadoras, sem que, do ponto de vista da prática política se operasse a defesa pública e o engajamento de parte dos profissionais do Serviço Social, das reivindicações e lutas empreendidas por estas classes, onde também eles próprios se incluem.

Aqui, a dimensão política da profissão não se confunde com a partidarização ou militantismo. Ao contrário, significa entender a relação entre profissão e realidade mediada por circunstâncias sociais objetivas, determinadas pela forma de organização social da produção.

Nesse sentido, decifrar a dinâmica capitalista a partir dos princípios da divisão social e técnica do trabalho, do trabalho assalariado bem como do movimento das classes, suas práticas organizativas e seus mecanismos de produção e reprodução social, é condição fundamental à profissão. Analisar o Serviço Social como expressão desse movimento contraditório, onde se movem interesses antagônicos e sobre os quais é possível tensionar as relações sociais, é dotar a profissão de um significado e utilidade social incontestes na perspectiva de fortalecimento das necessidades históricas das classes trabalhadoras. Isto requer a elaboração de estratégias e intervenções técnicas orientadas em competências teórico — metodológicas e ético — políticas construídas pela profissão na efervescência da conjuntura dos anos 80 e qualificadas, nas décadas seguintes, como parte de um projeto coletivo cuja direção está assentada na compreensão da realidade a partir dos elementos da teoria social marxiana.

Com este arsenal teórico-crítico, a formação acadêmica adquire estatuto de uma profissão que se preocupa com a pesquisa e a produção de conhecimento da realidade como pressupostos para intervenção em processos sociais para os quais os/as assistentes sociais são demandados/as.

Esta nos parece ser a direção da pesquisa que Ana Elizabete Mota empreendeu, nos idos da década de 80, no "O Feitiço da Ajuda" e que, na mesma trilha, tantos outros trabalhos se inspiraram, a exemplo das dissertações de Mestrado das autoras deste Posfácio, nos anos 90 do século passado.

Não por acaso, *O Feitiço da Ajuda* tornou-se referência teórico-prática para os assistentes sociais de empresas de vários pontos do país que iniciavam sua inserção no mercado de trabalho, sendo, ainda hoje, leitura obrigatória para profissionais e intelectuais que se propõem a compreender a profissão e o espaço ocupacional do Serviço Social nas empresas capitalistas como expressão de uma prática contraditória onde é possível problematizar as demandas institucionais, transformando-as em objeto da ação profissional e parte da sua política institucional.

Em que pesem as mudanças observadas nas formas de organização da produção e correlação de forças nas empresas capitalistas nos anos 90 e na atualidade, em relação à década de 80, fato é que a intervenção do assistente social e as exigências que os empregadores fazem ao profissional continuam a ter importância fundamental no processo de reprodução da força de trabalho.

Os meios, os modos e os conteúdos ideológicos necessários para que esta reprodução se dê sob o controle total do empresário foram modificados em mais de duas décadas, desde a publicação de "O Feitiço da Ajuda", como podemos ver nas tendências identificadas no texto que se segue. Mas, os seus fundamentos estão lá explicitados e dissecados, porquanto assentados na apropriação — cada vez mais sutil —, da captura da subjetividade do antagonista.

A nova edição deste belo livro, do qual "os/as assistentes sociais de empresas" — e não só eles/as — são herdeiros da reflexão crítica e do desvendamento do significado social da profissão, nesse espaço ocupacional, revela o quanto os anos 80 foram fecundos para reafirmar o Serviço Social como uma profissão capaz de construir, no interior das contradições capitalistas, práticas inovadoras, propositivas e fundamentalmente, potencializadoras de conteúdos que neguem as iniciativas reiteradoras da dominação.

No Brasil, desde os anos 80, vem ocorrendo uma série de mudanças nas empresas capitalistas. Tais mudanças são determinadas pela nova dinâmica da acumulação capitalista e respondem à necessidade de integração a um mercado cada vez mais competitivo e globalizado. Ao longo de mais de três décadas, observamos profundas alterações, seja na organização da produção, nos processos de trabalho, seja nas formas de intervenção estatal que dão amparo a essas mudanças. Potencializadas pela adoção de novas tecnologias associadas a um complexo conjunto de inovações organizacionais, elas imprimem novos requisitos aos trabalhadores, modificam as condições de inserção no mercado de trabalho e rebatem nos mecanismos de proteção social.

Na década de 80, o cenário empresarial mostrava uma grande dinamicidade, influenciado pela emergência de inovações reveladas pela chamada reengenharia e expressas na crescente informatização de processos de trabalho, modernização das plantas industriais, implantação de programas de qualidade total, programas participativos, dentre outras mudanças. Desde então, e particularmente ao longo da década de 90 e anos 2000, o discurso empresarial enfatiza as múltiplas competências, a qualificação dos trabalhadores, a adaptabilidade da força de trabalho às transformações em curso, a participação e o envolvimento de seus "colaboradores" nos objetivos empresariais.

Este período tem sido marcado pelas privatizações e fusões de empresas, por novas formas de produzir mercadorias, por exigências de produtividade e rentabilidade que reduzem os postos de trabalho e implicam na adoção de padrões mais rígidos de controle do desempenho do trabalhador. As terceirizações, a precarização, a flexibilização do trabalho e conseqüente desregulamentação das leis trabalhistas são características de um movimento mais geral da economia mundial que redirecionam as estratégias empresariais no sentido de criar uma cultura do trabalho adequada aos requerimentos de produtividade, competitividade e maior lucratividade.

De modo análogo, as corporações empresariais passam a difundir a retórica da "responsabilidade social corporativa", articulada à idéia de um "compromisso ético" com o "desenvolvimento sustentável", ao tempo em que discursam sobre a "ineficiência" do Estado na solução dos "problemas sociais" do país e defendem a substituição dos sistemas de proteção social pelas ações focalizadas na pobreza.

Neste contexto, parece surgir um conjunto diverso de frentes de trabalho para o assistente social nas empresas, entre as quais destacamos: gestão de recursos humanos; programas participativos; desenvolvimento de equipes; ambiência organizacional; qualidade de vida no trabalho, voluntariado; ação comunitária; certificação social; educação ambiental etc. Podemos afirmar que estas frentes de trabalho estão relacionadas com os processos macrossociais contemporâneos que incidem na vida social e inflexionam as práticas sociais, nas quais se inclui a experiência profissional do assistente social.

Em sua extensa e pioneira pesquisa sobre as determinações do Serviço Social na empresa, Mota indica que o processo de industrialização e a expressão política da classe trabalhadora, através de seus movimentos e lutas, criam condições para o surgimento do Serviço Social nas corporações capitalistas.

É a partir dos anos 70 e particularmente nos anos 80 que identificamos uma presença significativa de assistentes sociais nas empresas. Neste período, a conjuntura brasileira favorece a ampliação do mercado de trabalho nesse campo. Trata-se de um contexto em que as classes trabalhadoras experimentam um massivo processo de organização política, a exemplo da fundação de partidos, sindicatos, comissões de fábrica, dentre outras representações, imprimindo formas combativas na sua relação com o capital.

Do ponto de vista do Serviço Social, a década de 80 é marcada pela negação do conservadorismo profissional e por um movimento de explicitação da dimensão política da profissão, perspectiva denominada de "intenção de ruptura do Serviço Social", por colocar em xeque a gênese, os princípios e as práticas a que se vinculava o Serviço Social, na sua trajetória sócio-histórica (Netto: 1990; Iamamoto: 1998).

É nesse contexto que tanto as empresas públicas estatais e também as empresas privadas, incorporam, nos seus quadros, o profissional de Serviço Social, em geral, ligado à Área de Recursos Humanos, assumindo a função de intermediar soluções para "carências e conflitos" dos trabalhadores. Ao se referir à absorção desses profissionais, Mota afirma que: "a presença do assistente social numa empresa, antes de qualquer coisa, vem confirmar que a ex-

O FEITIÇO DA AJUDA

pansão do capital implica na criação de novas necessidades sociais. Isto é, a empresa, enquanto representação institucional do capital, passa a requisitar o assistente social para desenvolver um trabalho de cunho assistencial e educativo junto ao empregado e sua família" (1985: 16).

Na realidade, o que fôra identificado naquela década como uma particularidade da intervenção do assistente social na empresa era uma ação voltada tanto à preservação da força de trabalho dos empregados como à necessidade de mediar conflitos/comportamentos que surgiam na relação entre capital e trabalho. A requisição profissional, portanto, atenderia, contraditoriamente, tanto às necessidades do capital — contratante dos serviços profissionais — como às do trabalho, pela via de uma intervenção voltada a considerar as necessidades básicas dos trabalhadores e de suas famílias, transformando uma prerrogativa da produção em uma "ação humanitária" da empresa, sob o "manto da ajuda".

Dessa forma, a empresa conseguia controlar e disciplinar sua força de trabalho aos níveis de produtividade requeridos ao seu processo produtivo, participando ativamente da dinâmica de reprodução social das classes trabalhadoras. Ao interferir diretamente na esfera da reprodução social, os assistentes sociais, na condição de assalariados e submetidos às mesmas condições e relações de trabalho do conjunto dos trabalhadores, definem seus objetivos profissionais, desenvolvem iniciativas e estratégias para responder aos "problemas sociais" postos pelos empregadores.

Mas, é nesse mesmo processo que os assistentes sociais podem se apropriar criticamente dos objetos de intervenção, problematizá-los e propor ações cuja direção esteja articulada com as necessidades dos trabalhadores, fortalecendo os seus interesses de classes. Por isso, em "O Feitiço da Ajuda", Mota destaca a importância da consciência social dos profissionais a respeito dos destinos da sua prática.

Nos anos 80, as empresas capitalistas se dinamizaram no lastro de uma grande efervescência do movimento político-sindical. No interior destas, assistia-se a inúmeras reivindicações dos trabalhadores organizados que exigiam melhores condições de vida e de trabalho, expressas nas lutas por democratização das relações de trabalho, instituição de comissão de fábricas, de CIPAs (Comissões Internas de Prevenção de Acidentes), acesso a informações empresariais, reconhecimento e negociação com as Comissões de Empresa, dentre outras, que se constituíam expressão de um confronto aberto com os capitalistas.

Ao mesmo tempo, as direções empresariais se modernizavam e eram impelidas a buscar maiores índices de desempenho de produtividade para participar do processo de integração à dinâmica econômica mundial, e cujas exigências se voltavam à implementação de mudanças tecnológicas e organizacionais inspiradas nas experiências das economias japonesa e americana.

Ao final dos anos 80 e início dos 90, em grande medida, parte do setor industrial brasileiro já tinha realizado os ajustes e reformas organizacionais como parte das estratégias de integração econômica à dinâmica capitalista mundial. Para isso, o empresariado necessitou engendrar mecanismos sociopolíticos junto aos trabalhadores para dar legitimidade a tais mudanças, moldando, assim, novas formas de gestão e de relações de trabalho, fundadas no participacionismo e na colaboração dos trabalhadores com a gestão empresarial. Exemplo disso são os Círculos de Controle de Qualidade, dos quais os assistentes sociais foram partícipes ativos, no sentido da sua organização, mobilização, capacitação e acompanhamento.

Podemos afirmar que a ação empresarial nessas duas décadas imprimiu um esforço intenso para promover uma intervenção sociopolítica consoante às reformas capitalistas que estavam em curso. As áreas de recursos humanos das empresas, onde, de modo geral, estavam localizados os profissionais de Serviço Social, desempenharam um papel decisivo nesse processo. As respostas empresariais às demandas e reivindicações dos trabalhadores pareciam se resolver no âmbito interno das Comissões, espaço de socialização de algumas demandas políticas que não incluíam o controle sobre o processo de produção e decisões afetas à produtividade. Aqui, identifica-se a tentativa de esvaziamento do conteúdo político do movimento sindical, na medida em que há a substituição das práticas de confronto pelas de colaboração, estratégias compreendidas como "passivizadoras" das lutas sociais em presença.

Todavia, é necessário demarcar que essa inovação não se realizava isenta de contradições. Tensionadas pela ação sindical, as prá-

O FEITIÇO DA AJUDA

ticas que visavam à integração dos trabalhadores aos objetivos empresariais, eram questionadas, e também o Serviço Social era instado a fazer uma leitura crítica dessas iniciativas e a responder — ainda que reconhecendo-se como "atividade subordinada" — a esse conjunto de demandas do trabalho.

Nesse tensionamento, estavam postos os limites — dados pelas condições objetivas de trabalho — e, ao mesmo tempo, as possibilidades de intervenção dos assistentes sociais nos processos sociais, traduzidas na sua capacidade de compreender a realidade, propor alternativas e negociar, junto às direções empresariais, o atendimento de algumas demandas dos trabalhadores.

Mas, é no trânsito da década de 90 para os anos 2000 que vamos assistir profundas mudanças que reorganizam o processo de produção de mercadorias e realização do lucro; são mecanismos que atualizam as exigências da acumulação capitalista, agora definida como "acumulação flexível" (HARVEY, 2004). Seus traços principais são: a flexibilização do trabalho e da produção, mediadas pela introdução de novas tecnologias, seja de materiais, seja de processos informacionais, determinando também novas modalidades de contratação da força de trabalho, dentre elas as terceirizações, que ocasionaram a supressão de direitos trabalhistas no bojo das novas formas de gestão do trabalho que se deram num ambiente de desregulamentação dos mercados, desterritorialização da produção e financeirização da economia.

Nesse cenário, são evidenciados um extensivo programa de privatizações, fusões empresariais e um drástico enxugamento de postos de trabalho, que redefiniu a composição do mercado de trabalho, e, nas empresas, acarretou uma brutal redução de trabalhadores nas plantas industriais, amparada por um intenso processo de concentração e descentralização de capitais e de transformações profundas nos processos de trabalho. Transformações estas que afetam, sobremaneira, a intervenção profissional, seja nos seus aspectos técnico-operativos, seja na exigência de novos domínios de conhecimento que, em grande medida, negavam o saber acumulado pela profissão na década de 80. Vale lembrar que nos anos 80, o grande esforço intelectual do Serviço Social nas empresas era identificar os elementos contraditórios das demandas profissionais que, requeridas por parte do patronato, atendiam, a seu modo, às necessidades do trabalho. Daí a tese, expressa em *O Feitiço da Ajuda*, do potencial de negação do trabalhador e ao qual deveria o Serviço Social estar atento.

Neste novo contexto, a atuação do assistente social nas empresas capitalistas também é objeto de novas exigências e qualificações e assume, nesses espaços, uma configuração e um estatuto bastante distintos daqueles expressos nas ações problematizadoras do projeto profissional dos anos 80. A complexificação da sociedade, as mudanças no mundo do trabalho, no papel do empresariado e o protagonismo dos organismos internacionais na definição de estratégias de "desenvolvimento" para os países periféricos, são alguns determinantes que conduzem a uma ação profissional caracterizada por rupturas e continuidades, como poderemos ver mais adiante, nas empresas reestruturadas.

O processo de reestruturação produtiva do capital, desencadeado como resposta à crise capitalista internacional dos anos 70 e 80 (cf. Mandel, 1990), é um movimento que visa à recriação das bases de valorização e dominação ideológica do capital. Supõe o desenvolvimento de estratégias que reordenam as forças produtivas e atualizam as práticas organizativas das classes.

No cenário nacional, este processo implica profundas alterações no "mundo do trabalho" e expressa uma série de transformações que afetam diretamente o conjunto da vida social, mediadas pela inserção subalterna do Brasil no sistema capitalista mundial e pelas particularidades de sua formação econômica, política e social.

Neste movimento, a questão determinante é a redefinição do processo de produção de mercadorias que deverá permitir e potencializar o desenvolvimento da dinâmica de acumulação. Isso resulta em mudanças na organização da produção e do processo de trabalho, nas estratégias de gestão da força de trabalho e nos sistemas gerenciais que lhes servem de suporte. Sendo assim, nessa dinâmica reestruturadora, é possível constatar um conjunto de iniciativas do capital que mobiliza novas formas de:

a) consumo da força de trabalho — as empresas utilizam inovações tecnológicas que permitem a substituição da eletromecânica

O FEITIÇO DA AJUDA

pela eletrônica e uma crescente informatização do processo de produção que, por sua vez, exige uma maior qualificação para determinados segmentos de trabalhadores. Para isto, as empresas investem em treinamento e buscam elevar os níveis de escolaridade da força de trabalho. Esta requalificação, associada ao desenvolvimento da polivalência e multifuncionalidade, também evidencia o processo de precarização das condições em que o trabalho se realiza, pois intensifica-se o ritmo de execução das tarefas em prol de maior produtividade, além de eliminar postos e ocupações, aumentando o desemprego.

b) controle da força de trabalho — as empresas sofisticam os mecanismos de adequação do comportamento produtivo aos novos métodos de produção, buscando obter a adesão do trabalhador às metas de qualidade e produtividade. A natureza da relação salarial se afasta do processo de negociação coletiva e se concretiza na estratégia de individualização dos salários e na negociação direta empresa-trabalhador, sitiando os sindicatos e esvaziando o conteúdo político das reivindicações dos trabalhadores. São formulados critérios meritocráticos de julgamento no sistema de avaliação de desempenho e, sob a pretensa horizontalização das relações de trabalho, são implementados programas participativos com base na Gestão da Qualidade Total. Tais estratégias, por sua vez, se associam aos incentivos, que passam a compor o sistema de remuneração, e à ascensão funcional, condicionando-os à geração de resultados.

c) reprodução material da força de trabalho — as empresas oferecem aos seus empregados um leque de benefícios e serviços sociais, chamados de "salários indiretos", que constituem um importante instrumento para mobilizar o consenso em torno das metas de produção. Deste modo, ao mesmo tempo em que se verifica a diminuição da intervenção estatal, com a retração das coberturas públicas e o corte nos direitos sociais, assiste-se à transferência dos mecanismos de proteção do Estado para as grandes corporações que refuncionalizam, de acordo com seus interesses, a esfera dos "benefícios ocupacionais". Com isso, as empresas ampliam os sistemas de benefícios e incentivos, reforçando a dependência dos trabalhadores e intensificando a sua subordinação à disciplina fabril.

d) reprodução espiritual da força de trabalho — as empresas investem num processo de "aculturamento" dos empregados e em formas ideológicas que pressupõem um "moral de envolvimento" para a geração de um novo comportamento produtivo adequado aos novos métodos de produção. Este "moral de envolvimento" passa a permear o discurso e as práticas gerenciais, cujas prerrogativas são o "colaboracionismo entre as classes" e o "engajamento dos colaboradores" ou "associados". Disseminando valores e formas de racionalidade, as empresas estabelecem uma lógica menos despótica e mais consensual, envolvente e manipulatória que atinge a consciência, a subjetividade do trabalho e as suas formas de representação.

Para assegurar o "engajamento dos colaboradores", é necessário que sejam consideradas as suas necessidades fisiológicas, sociais, de segurança, estima e auto-realização. A empresa, a título de prover tais necessidades, estabelece políticas de recursos humanos que têm por objetivos: favorecer o envolvimento com as metas; desenvolver capacidades e habilidades para as necessidades da produção, treinando e reeducando; reconhecer o desempenho por critérios individuais e atender supostas satisfações no trabalho para amenizar os conflitos; e, estabelecer a remuneração a partir da geração de resultados. Deste modo, há uma harmoniosa integração entre as políticas da Administração de Recursos Humanos e os princípios da Gestão da Qualidade Total.

Em síntese, o processo de reestruturação produtiva inflexiona as políticas de recursos humanos, no Brasil, principalmente a partir dos anos 1990, nos seguintes aspectos: crescimento dos investimentos empresariais com a qualificação da força de trabalho; introdução de técnicas e métodos de gerenciamento participativo, com forte apelo ao envolvimento dos trabalhadores com as metas empresariais; combinação do sistema de benefícios e serviços sociais com as políticas de incentivo à produtividade do trabalho; e adoção de práticas de avaliação e monitoramento do ambiente interno.

Sendo assim, nas empresas, o exercício profissional é perpassado por uma nova racionalidade técnica e ideopolítica, no âmbito do gerenciamento de recursos humanos, que refuncionaliza o "tradicional" em prol do "moderno" e conjuga, no campo das atividades profissionais, "velhas" e "novas" demandas, exigindo dos assistentes sociais estratégias que assegurem sua legitimidade social (cf. Cesar, 1998).

Com relação às velhas demandas, cabe destacar que o trabalho desenvolvido pelo Serviço Social nas empresas mantém o seu caráter "educativo", voltado para mudanças de hábitos, atitudes e comportamentos do trabalhador, objetivando sua adequação ao processo de produção. Deste modo, o profissional continua sendo requisitado para responder às questões que interferem na produtividade — absenteísmo, insubordinação, acidentes, alcoolismo etc. — a intervir sobre os aspectos da vida privada do trabalhador, que afetam seu desempenho — conflitos familiares, dificuldades financeiras, doenças etc. — e a executar serviços sociais asseguradores da manutenção da força de trabalho (cf. Mota, 1985).

O assistente social se caracteriza como um dos profissionais que possui atributos para intervir na vida cotidiana dos trabalhadores, tanto no âmbito fabril, quanto na esfera do seu ambiente doméstico ou de sua da vida particular. Assim, ao mesmo tempo em que interfere na reprodução da força de trabalho, através da administração de benefícios sociais ou dos "salários indiretos", exerce o papel de mediador nas relações empregado-empresa, implementando programas integrativos que, abrangendo a família-comunidade, contribuem para a intensificação do controle e do disciplinamento dos trabalhadores, tendo em vista a sua subordinação aos requisitos do processo de valorização (cf. Iamamoto, 1995).

Então, a dimensão "pedagógica" da intervenção do assistente social na propagação da mútua colaboração entre empregados e empregadores e na neutralização das tensões inerentes às relações entre capital e trabalho é uma marca que, historicamente determinada, condiciona as requisições das empresas ao Serviço Social, consolidando sua posição neste espaço sócio-ocupacional. É desse modo que o assistente social intervém na reprodução material e espiritual da força de trabalho, através da prestação de serviços sociais e da orientação sobre um determinado modo de ser, sentir, pensar e agir, em relação ao trabalho, à sociedade e à vida (cf. Freire, 2003).

Todavia, estas demandas "tradicionais" são atravessadas pelos conteúdos e instrumentos de controle renovados nos processos e relações de trabalho, que se expressam nos principais programas desenvolvidos pelas empresas, dentre os quais destacam-se:

Programa de Treinamento e Desenvolvimento — Diretamente relacionado com as novas modalidades de consumo da força de trabalho, este programa diz respeito à adequação do funcionamento do mercado interno de trabalho e à requalificação da força de trabalho requerida pelos novos métodos de produção, congregando as funções de: formação e treinamento; capacitação e desenvolvimento; mobilidade e sucessão.

À medida que os planos de treinamento integram a estratégia de qualidade e produtividade, eles são precedidos por levantamentos de necessidades e seguidos por processos de avaliação dos resultados da sua aplicabilidade. Apesar de estarem dirigidos para a capacitação gerencial e técnico-operacional, os maiores investimentos destes planos se concentram na chamada "requalificação comportamental" (cf. Cesar, 1996).

É neste campo que o assistente social se insere, buscando desenvolver um processo educativo para a adequação dos padrões de desempenho à flexibilização da produção e uma mobilização ideológica favorável à adesão do trabalhador com as metas da empresa. Temas como desenvolvimento de equipes, cooperação intergrupal, relacionamento interpessoal, entre outros, tornam-se objetos das atividades de treinamento organizadas pelos profissionais. Cabe ressaltar que, como todo trabalhador, o assistente social também é submetido aos programas de treinamento das empresas, sejam eles técnicos ou comportamentais, para a conformação de um dado perfil profissional.

Programas Participativos — Estes programas se pautam na Gestão da Qualidade Total, cujo pressuposto é o da satisfação das necessidades dos clientes externos e internos das organizações. Para isso, são realizados investimentos para elevar os padrões de qualidade e confiabilidade dos processos, produtos e serviços, bem como para fomentar a participação dos trabalhadores que, dentro da ordem e do universo da empresa, passa a ser estimulada através de incentivos materiais e simbólicos.

Com a incorporação da "cultura da qualidade", o trabalho do assistente social é redimensionado e passa a assumir o papel de impulsionador da inovação e mudança, principalmente, no que toca à "democratização" das relações de trabalho, enquanto um processo que, em tese, beneficia tanto à empresa quanto aos trabalhadores. Estes últimos se beneficiariam pelo crescimento profissional e pela possibilidade de transcenderem seu papel meramente executor, para se tornarem sujeitos ativos no processo de produção.

Então, tal como no programa anterior, a intervenção profissional se estabelece com base nos princípios do envolvimento e do comprometimento, tendo por objetivo adequar idéias, comportamentos e atitudes. Assim, o Serviço Social busca promover a "valorização do empregado", desenvolvendo ações incentivadoras do seu envolvimento com o trabalho e a empresa. De modo geral, a inserção do assistente social ocorre pelo reconhecimento, por parte da gerência, da sua facilidade de persuasão e inserção no cotidiano dos trabalhadores, o que reitera o caráter pedagógico de sua ação.

Programa de Qualidade de Vida — No discurso empresarial, o termo "qualidade de vida" é empregado para enunciar a conjugação de interesses entre patrões e empregados, isto é, a associação entre os objetivos das empresas de aumentarem a produtividade e as necessidades de "bem-estar" dos trabalhadores.

Neste sentido, os programas de "qualidade de vida no trabalho" seguem a tendência já apontada, ou seja, visam conformar um comportamento adequado aos novos métodos de produção. Condizentes com as novas modalidades de reprodução da força de trabalho, estes programas buscam, através dos serviços sociais e das ações sócio-educativas, o enquadramento de hábitos e cuidados com a saúde, alimentação, lazer etc., que implica numa intervenção normativa sobre a vida do trabalhador dentro e fora da empresa.

Além disso, muitos destes programas são estruturados em função das conseqüências nocivas das mudanças efetuadas na produção sobre as condições de vida e de trabalho, como o aumento do desgaste e da instabilidade, que associam antigas doenças profissionais com novos distúrbios e patologias vinculadas ao sofrimento psíquico e às psicopatologias (cf. Melo et alli, 1998). Com isso, há uma reatualização da intervenção do assistente social na prevenção de acidentes e doenças, bem como uma revalorização das atividades desportivas e recreativas, voltadas para o combate ao "stress".

Como será visto a seguir, o trabalho do assistente social, neste tipo de programa, tem como base o levantamento do nível de satisfação no trabalho, tendo em vista a instrumentalização das ações gerenciais para a melhoria da "qualidade de vida", que abrange questões relativas às políticas de recursos humanos.

Programa de Clima ou Ambiência Organizacional — Este programa comporta os fatores do "ambiente de trabalho" que afetam o comportamento produtivo. Nas empresas, o clima organizacional é concebido como um conjunto de aspectos que caracterizam uma determinada corporação e influenciam o comportamento dos trabalhadores, ou seja, se refere à relação existente entre organização do trabalho, satisfação e desempenho.

Deste modo, a "atmosfera da empresa" é considerada um conjunto mensurável de propriedades do "ambiente de trabalho" que, percebidas direta ou indiretamente pelos trabalhadores, são capazes de influenciar sua motivação e desempenho. Associada aos processos de comunicação interna, ela é considerada uma condição estratégica para a propagação do "moral de envolvimento" em torno dos objetivos corporativos.

A atuação do assistente social incide, então, na mensuração destas propriedades, principalmente, através da aplicação periódica de questionários compostos de questões que buscam correlacionar as práticas de gestão com o clima organizacional, a partir da percepção dos empregados sobre a organização do trabalho, as relações e condições de trabalho. Os resultados deste tipo de pesquisa são analisados e transmitidos para as chefias e seus subordinados, servindo como indicadores para a implementação de modificações nos sistemas gerenciais, o aprimoramento das políticas de recursos humanos e o desenvolvimento de ações sociais, com vistas à melhoria do clima organizacional e, conseqüentemente, do aumento da produtividade do trabalho.

Cabe destacar que o conjunto de ações sociais que a empresa desenvolve para atender, internamente, às necessidades dos seus empregados passou a compor a idéia da "responsabilidade social corporativa", que ganhou consistência no meio empresarial, no decorrer dos anos 1990. A esta idéia somam-se, também, as ações que visam atender, externamente, às demandas das comunidades, em termos de assistência social, alimentação, saúde, educação, preservação do meio ambiente, dentre outras.

Com o desenvolvimento de ações sociais que extrapolam o âmbito da empresa e se estendem à sociedade, configura-se, então, o ideário da "empresa cidadã" (cf. Cesar, 2006), corroborando com as medidas governamentais de fortalecimento das iniciativas da "sociedade civil" que, supostamente neutra e desprovida de ideologias e práticas classistas (cf. Amaral, 2006), é posta como parceira indispensável do Estado no enfrentamento dos desafios nacionais, como o combate à pobreza e à desigualdade social.

Estas iniciativas expressam que as mudanças no mundo da produção e as necessidades de reatualizar os mecanismos de acumulação de capital exigem a adoção de novas formas de consumo da força de trabalho e estratégias de gestão, controle e disciplinamento do comportamento produtivo compatíveis ao momento atual da economia. As empresas capitalistas, ao serem impelidas a modificar suas estratégias de intervenção, tanto do ponto de vista interno quanto externo, passaram a investir em ações e a desenvolver práticas que pudessem legitimar suas iniciativas em busca de competitividade internacional e, conseqüentemente, de maiores lucros.

Nesse sentido, os traços distintivos desse processo, que, no Brasil, adquire maior visibilidade a partir dos anos 90, são os mecanismos de conciliação, colaboração e de consensos desenvolvidos pelo empresariado, que envolvem os trabalhadores no seu processo de trabalho e também na totalidade da vida social. Se, na década de 80 até início dos 90, do ponto de vista da política, a conjuntura era propícia a um confronto aberto com os patrões, o que se observa na década atual é um campo de conciliação de interesses que compõem as iniciativas gerenciais para mobilizar o consenso em torno das metas de qualidade e produtividade das empresas: uma "nova fábrica de consensos".

É possível dizer que os processos relativos às transformações operadas nas empresas capitalistas, cujas principais modificações são determinadas pela mundialização, transnacionalização e financeirização dos capitais, alteram também a cultura profissional, incidindo nas suas áreas de intervenção, nos seus suportes de conhecimento, nas suas funcionalidades (cf. Netto, 1996).

Na atualidade, a forma "de ser no trabalho" do assistente social é marcada por um cenário onde coexistem formas arcaicas e modernas de trabalho, ambientes onde convivem terceirizados, sub-contratados e empregados "formais", força de trabalho superespe-cializada que lida com processos informacionais os mais sofistica-dos e ao mesmo tempo trabalhadores que só necessitam de conheci-mentos básicos e estão expostos a condições precárias de trabalho. Essa heterogeneidade no ambiente empresarial, em que a capacida-de de organização e de resistência se torna cada vez mais diluída ou até mesmo inexistente, é mediada pelo crescente desemprego de gran-de parte dos trabalhadores, sob a justificativa de enxugamento de quadros e redução dos custos de produção.

Aqui também nos referimos aos próprios Assistentes Sociais, cujo mercado de trabalho nas empresas reflui, ocasionando desem-prego e, ao mesmo tempo se alarga, por força da contratação de pro-fissionais em fundações empresariais, numa clara demonstração deste movimento. Mediando este processo estão a desterritorialização da produção, com a transferência de unidades produtivas para regiões sem tradição industrial, a exteriorização da produção, com as novas formas de cooperação entre trabalho formal e informal e, principal-mente, o fato de a empresa ter criado outros mecanismos de controle e persuasão que nem sempre torna necessária a ação do assistente social: quiçá seja suficiente a ameaça do desemprego e o auto-con-trole e vigilância entre os próprios trabalhadores, como resultado concreto das modernas técnicas de *gestão de pessoas.*

Embora o trabalho do assistente social ainda seja requisitado para atuar como agente de "promoção social", nas situações de trabalho que interferem na produtividade das empresas e nas necessidades de reprodução material do trabalhador e de sua família, agora tam-bém são chamados para intervir em novos projetos, mais amplos e "extra muros" da empresa, que requerem uma ação "colada" à filo-sofia e às práticas empresariais modernas de gestão do trabalho.

Podemos dizer, então, que há a coexistência do "antigo" e do "inovador", num movimento que vai do "conservadorismo" à "re-novação". Seu processo interventivo se desenvolve em um espaço permeado por discursos e práticas contraditórias que refletem inte-resses contrapostos, convivendo com latente tensão; mas, na atuali-dade, sua prática é prioritariamente marcada pela necessidade de formar consensos de modo a legitimar as ações estratégicas das corporações empresariais. O velho e o novo formam uma unidade, posto que ambos são refuncionalizados pela cultura empresarial.

A ênfase nas ações de responsabilidade sócio-ambiental, balanço social, qualidade de vida no trabalho, negociação sindical, acompanhamento dos códigos de ética e de "melhores práticas", por exemplo, parecem revelar uma empresa mais integrada à sociedade e, portanto, formadora de valores para uma nova cultura do trabalho, mais consensual e comprometida com os objetivos e finalidades das empresas. No entanto, tais iniciativas se incluem em um projeto estratégico de ajustes e reformas para adequar as empresas capitalistas à dinâmica contemporânea da acumulação.

Embora não se perceba uma radical mudança no âmbito da divisão técnica do trabalho, ou seja, nos lugares do Serviço Social na empresa, é inegável que as exigências feitas ao profissional e as suas condições de trabalho foram alteradas. Dentre elas, destaca-se o fato de que, para responder às novas requisições com conhecimentos e habilidades específicos, os profissionais, são obrigados a se apropriar, cada vez mais, de informações técnicas específicas que, muitas vezes, colidem com as matrizes teóricas e princípios que marcam a formação do Assistente Social brasileiro.

Do ponto de vista das condições de trabalho, há que se considerar que o próprio trabalho do assistente social, hoje, é exercido sob condições que não fogem ao quadro mais geral da economia: muitos desses profissionais são terceirizados, fazem parte de cooperativas de trabalho, são contratados "por projetos" e não têm assegurada a proteção social pública. Portanto, são variadas as modalidades de contratação dos seus serviços, fato que reduz a sua capacidade de se contrapor, de questionar os objetivos empresariais e de trabalhar o campo de contradições que é inerente às práticas capitalistas.

Contudo, a despeito das visões mecanicistas — que acentuam a vinculação da profissão com o poder monolítico do capital — ou das concepções voluntaristas — que superestimam o papel transformador do exercício profissional — é fundamental compreender que, mesmo considerando que as empresas cobram dos assistentes sociais uma organicidade em relação aos seus objetivos, a vivência cotidiana com as contradições sociais cria condições para a expansão da consciência crítica e o alinhamento dos objetivos profissionais com as reais necessidades dos trabalhadores: eis a atualidade da tese do Feitiço!

Por isso, vale salientar que, apesar de predominar a tendência de absorção da "cultura da qualidade" e do "ideário da responsabilidade social" pelo Serviço Social, vários profissionais formulam críticas às ações e programas desenvolvidos pelas empresas. Tais críticas denunciam: o aprofundamento da exploração, pela intensificação das pressões sobre o trabalho; o crescimento da competitividade e rivalidade que dividem o coletivo dos trabalhadores; a conversão da participação do trabalhador num meio de cooptação política e apropriação do seu conhecimento; a manipulação dos programas sociais como forma de angariar subsídios e incentivos fiscais ou como estratégias de promoção e marketing social.

Portanto, considerando este potencial crítico e a relativa autonomia teórica, ética, política e técnica do assistente social, como já nos ensinava *O Feitiço da Ajuda*, é possível imprimir e perseguir uma direção social estratégica à profissão, ainda que este espaço ocupacional seja a empresa onde, com maior nitidez, podemos perceber a dinâmica reprodutiva do capital e as suas flagrantes contradições, identificando as mediações necessárias à formulação de estratégias de ação que se articulem ao projeto ético-político da profissão.

Referências bibliográficas

AMARAL, Ângela Santana. Qualificação dos trabalhadores e estratégia de hegemonia: o embate de projetos classistas. *Tese de doutorado.* UFRJ, 2005.

ANTUNES, Ricardo (org.). *Riqueza e miséria do trabalho no Brasil.* São Paulo: Boitempo, 2006.

CESAR, Mônica de Jesus. A reestruturação industrial e as políticas de recursos humanos: um estudo de caso no setor químico. In: *Em Pauta.* Rio de Janeiro: FSS/UERJ, n. 9, 1996.

_____. Serviço Social e reestruturação industrial: requisições, competências e condições de trabalho profissional. In: MOTA, Ana Elisabete (org.). *A nova fábrica de consensos.* São Paulo: Cortez, 1998.

_____. A intervenção social das empresas no Brasil. In: *Serviço social, política social e trabalho: desafios e perspectivas para o século XXI.* São Paulo: Cortez, 2006.

FREIRE, Lúcia Maria de Barros. *O serviço social na reestruturação produtiva: espaços, programas e trabalho profissional*. São Paulo: Cortez, 2003.

IAMAMOTO, Marilda Vilela. *Renovação e conservadorismo no Serviço Social*. São Paulo: Cortez, 1995.

_____. *O Serviço Social na contemporaneidade*. São Paulo, Cortez, 1998.

HARVEY, David. *O novo imperialismo*. São Paulo, Edições Loyola, 2004.

MANDEL, Ernest. *A crise do capital*. Campinas: Unicamp/Ensaio, 1990.

MELO, Ana Inês Simões Cardoso (et alli). Na corda bamba do trabalho precarizado: a terceirização e a saúde dos trabalhadores. In: Ana Elisabete Mota (org.). *A nova fábrica de consensos*. São Paulo: Cortez, 1998.

MOTA, Ana Elisabete. *O feitiço da ajuda: as determinações do serviço social na empresa*. São Paulo: Cortez, 1985.

_____; AMARAL, Ângela Santana. Reestruturação do capital, fragmentação do trabalho e Serviço Social. In: *A nova fábrica de consensos*. São Paulo: Cortez, 1998.

NETTO, José Paulo. *Transformações societárias e Serviço Social*. In: Serviço Social e Sociedade, n. 50, ano XVII. São Paulo: Cortez, 1996.

_____. *Ditadura e Serviço Social. Uma análise do Serviço Social no Brasil no pós-64*. São Paulo: Cortez, 1990.

Bibliografia

AGUIAR, Antonio Geraldo de. *Serviço Social e Filosofia* — Das origens a Araxá. São Paulo: Cortez/Unimep, 1982.

BRAVERMAN, Harry. *Trabalho e capital monopolista.* Rio de Janeiro: Zahar, 1981.

CARDOSO, Miriam Limoeiro. *La Construcción de Conocimientos*: Cuestiones de Teoria y Método. México: Era, 1977.

_____. *Ideologia do desenvolvimento* — Brasil: JK-JQ. Rio de Janeiro: Paz e Terra, 1978.

CARVALHO, Alba Maria Pinho de. *A questão da transformação e o trabalho social.* São Paulo: Cortez, 1983.

CARVALHO, Raul de. Modernos Agentes da Justiça e de Caridade. Revista *Serviço Social & Sociedade*, n. 2, ano 1. São Paulo: Cortez, 1980.

CENTRO DE AÇÃO COMUNITÁRIA. *O trabalho* — A mercadoria. São Paulo: Loyola, 1982.

CENTRO BRASILEIRO DE ESTUDOS DE SAÚDE. Ainda sobre o processo de trabalho e saúde. *Saúde em debate*, n. 11. Rio de Janeiro: Edições Muro, 1981.

DONNANGELO, Maria Cecília Ferro e PEREIRA, Luiz. *Saúde e sociedade.* São Paulo: Duas Cidades, 1976.

ENGELS, F. *A origem da família, da propriedade privada e do Estado.* 7. ed. Rio de Janeiro: Civilização Brasileira, 1982.

FALEIROS, Vicente de Paula. *Metodologia e ideologia do trabalho social.* São Paulo: Cortez, 1981.

FALEIROS, Vicente de Paula. *A política social do estado capitalista*. São Paulo: Cortez, 1983.

FRIEDMAN, Georges. *O trabalho em migalhas*. São Paulo: Perspectiva, 1972.

GADOTTI, Moacir. *Concepção dialética da educação*. São Paulo: Cortez/Autores Associados, 1983.

GRAMSCI, Antonio. *Americanismo e fordismo*. Obras Escolhidas. Trad. Manuel Cruz. São Paulo: Martins Fontes, 1978a.

_____. *Concepção dialética da história*. Rio de Janeiro: Civilização Brasileira, 1978b.

_____. *Os intelectuais e a organização da cultura*. Rio de Janeiro: Civilização Brasileira, 1982.

IAMAMOTO, Marilda e CARVALHO, Raul de. *Relações sociais e Serviço Social no Brasil*. São Paulo: Cortez/Celats, 1982.

KAMEYAMA, Nobuco. A prática profissional do Serviço Social. Revista *Serviço Social & Sociedade*, n. 6, ano III. São Paulo: Cortez, 1981.

KOWARICK, Lúcio. Proceso de Desarrollo del Estado em America Latina y Politicas Sociales. *Acción critica*, n. 5. Lima: Celats/Alaets, 1979.

MARCUSE, Herbert. *A ideologia da sociedade industrial*. Rio de Janeiro: Zahar, 1979.

MARQUES, Sônia. *Maestro sem orquestra*. Dissertação de Mestrado em Sociologia. Recife: Pimes/UFPE. 1983. (Mimeo.)

MARTINEZ, Juan Mojica. *Processo histórico e Serviço Social na América Latina*. Serviço Social — Intervenção na Realidade. Rio de Janeiro: Vozes, 1980.

MARX, Karl. Prefácio a para a Crítica da Economia Política. Trad. José Artur Giannotti e Edgar Malagodi. MARX. *Os Pensadores*. São Paulo: Abril Cultural, 1978a.

_____. Introdução a Para a Crítica da Economia Política. Trad. José Artur Giannotti e Edgar Malagodi. MARX, *Os Pensadores*. São Paulo: Abril Cultural, 1978b.

_____. Salário, Preço e Lucro. Trad. Leandro Konder. In: MARX. *Os Pensadores*. São Paulo: Abril Cultural, 1978c.

_____. *O Capital*. Livro 1. 5. ed. Trad. de Reginaldo Sant'anna. Rio de Janeiro: Civilização Brasileira, 1980.

MELLO, Maria da Conceição D'Incao. *O bóia-fria: Acumulação e miséria*. 5. ed. Petrópolis: Vozes, 1975.

MENDONÇA, Evany Gomes de Matos. *Aspecto da assistência prestada ao trabalhador da indústria*. Trabalho de conclusão de curso. Recife. Escola de Serviço Social de Pernambuco, 1956. (Mimeo.)

MORAES, Carmem Sylvia. Ideologia e intelectuais em Gramsci. *Educação & Sociedade*, n. 1. São Paulo: Cortez/Cedes, 1978.

OLIVEIRA, Francisco de. *Elegia para uma re(li)gião*. Rio de Janeiro: Paz e Terra, 1978.

PALMA, Diego. *La reconceptualización*: Una Búsqueda en America Latina. Buenos Aires: Ecro, 1977.

PERRUCI, Gadiel. O Canto do Cisne dos Barões do Açúcar (um Congresso de Classe). *Introdução aos trabalhos do congresso agrícola do Recife de 1978*. Ed. facsimilar. Recife: Cepa-PE, 1978.

_____ e BERNARDES, Denis. *O caranguejo e o Viaduto*. São Paulo: Cedec, 1979. (Mimeo.)

RICO, Elizabeth de Melo. *Teoria do Serviço Social da empresa*: Objeto e Objetivos. São Paulo: Cortez, 1982.

SANTOS, Antonio Gonçalves dos. A prática do Serviço Social nas Instituições Revista *Serviço Social & Sociedade*, n. 2, ano 1. São Paulo: Cortez, 1980.

SANTOS, Leila Lima. *Textos de Serviço Social*. São Paulo: Cortez, 1982.

SERRA, Rose Mary Souza. *A prática institucionalizada do Serviço Social*. São Paulo: Cortez, 1982.

SOBOUL, Albert. *A revolução francesa*. Rio de Janeiro: Zahar, 1964.

SOUZA, Maria Luiza. As indefinições do "Social" na Política Social e no Serviço Social. Revista *Serviço Social & Sociedade*, n. 1, ano I. São Paulo: Cortez, 1979.

VEGA, Beatriz de la. A situação da América Latina e o Serviço Social. *Serviço Social — Intervenção na realidade*. Rio de Janeiro: Vozes e Celats, 1980.